Iqra Tabassum
Alim un Nisa
Asad ur Rehman

AF144319

Trionfo sul cancro al seno

ScienciaScripts

This book is a translation from the original published under ISBN 978-620-5-63878-1.

Publisher:
Sciencia Scripts
is a trademark of
Dodo Books Indian Ocean Ltd. and OmniScriptum S.R.L publishing group

120 High Road, East Finchley, London, N2 9ED, United Kingdom
Str. Armeneasca 28/1, office 1, Chisinau MD-2012, Republic of Moldova, Europe
Printed at: see last page
ISBN: 978-620-7-39456-2

Iqra Tabassum
Alim un Nisa
Asad ur Rehman

Trionfo sul cancro al seno

Contenuti:

Introduzione al cancro al seno

Cancro:

Il cancro è una malattia in cui alcune cellule dell'organismo crescono in modo incontrollato e si sviluppano in altre parti del corpo. Il cancro può iniziare all'incirca in qualsiasi punto del corpo umano, che è composto da trilioni di cellule.

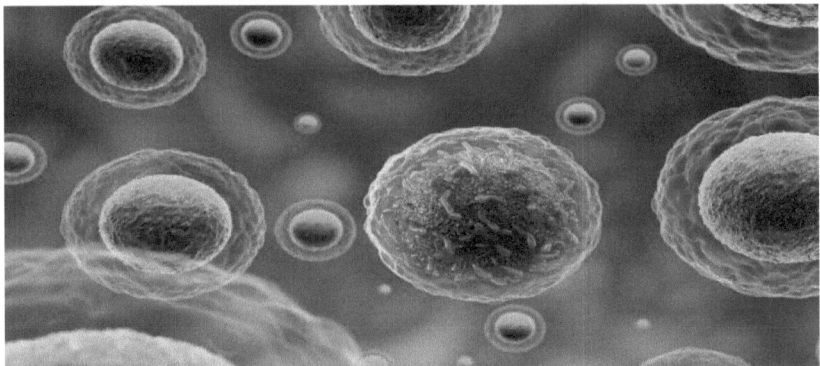

Figura n.1: Questa immagine mostra le cellule cancerose.

Cancro al seno:

Il cancro al seno è un tumore maligno che ha inizio nelle cellule del seno. Un tumore maligno è un tipo di cellule cancerose che può svilupparsi nei tessuti circostanti o diffondersi in aree riservate del corpo. Questo tipo di malattia si manifesta soprattutto nelle donne.

I tumori al seno si manifestano in qualsiasi punto della mammella, ma principalmente nel quadrante superiore esterno, dove si trova la maggior parte dei tessuti mammari. Normalmente il cancro al seno inizia nelle cellule dei lobuli, che sono le ghiandole che producono il latte. Meno comunemente, il cancro al seno può iniziare nei tessuti stromali, che coinvolgono il tessuto connettivo grasso e fibroso del seno.

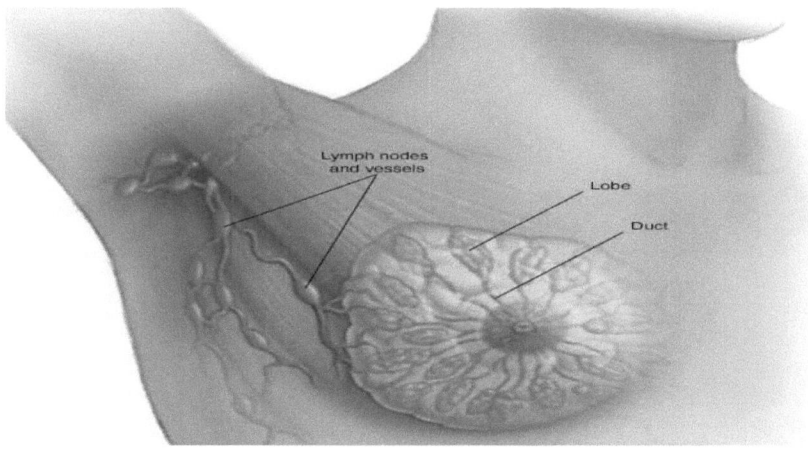

Figura n.2: Questa immagine mostra il cancro al seno nelle donne.

Background del tumore al seno:

Nel 2020, le donne riconosciute affette da tumore al seno saranno 2,3 milioni e i decessi saranno 685.000 in tutto il mondo. Alla fine del 2020, saranno 7,8 milioni le donne non decedute a cui è stato riconosciuto un tumore al seno negli ultimi 5 anni, rendendolo il tumore più diffuso al mondo. Ogni 1 donna urbana su 22 e 1 donna rurale su 60 riceve una diagnosi di cancro al seno. Normalmente si manifesta nella fascia d'età compresa tra i 25 e i 50 anni e la maggior parte dei casi si verifica dopo i 40 anni.

Un rapporto del NCRP ha calcolato approssimativamente che i casi di tumore al seno aumenteranno probabilmente a 15,7 lakhs entro il 2025, mentre nel 2020 erano 13,9 lakhs in India.

Elizabeth Anne "betty" Ford, first lady e consorte del Presidente Gerald Ford, ha avuto un cancro al seno. Si occupava di sensibilizzazione sul cancro al seno e sosteneva la parità di diritti.

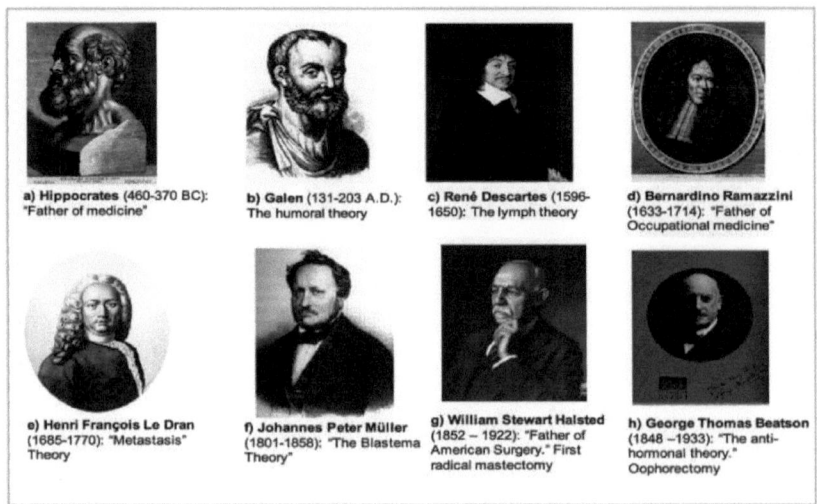

Figura n.3: Questa immagine mostra i Pionieri del cancro e del tumore al seno.

Anatomia del cancro al seno

La struttura del seno:

Il seno è composto da tessuto mammario (chiamato anche tessuto ghiandolare) e grasso, oltre che da nervi, vene, arterie e tessuto connettivo che aiuta a bloccare tutto al suo posto.

Il tessuto mammario è una complessa rete di lobuli (piccole sacche rotonde che producono latte) e di dotti lattiferi (canali che portano il latte dai lobuli alle aperture del capezzolo durante l'allattamento) in uno schema che ricorda i grappoli d'uva. Questi raggruppamenti vengono chiamati lobi.

Il muscolo pettorale maggiore (il muscolo pettorale) si trova tra **il** seno e le costole nella parete toracica.

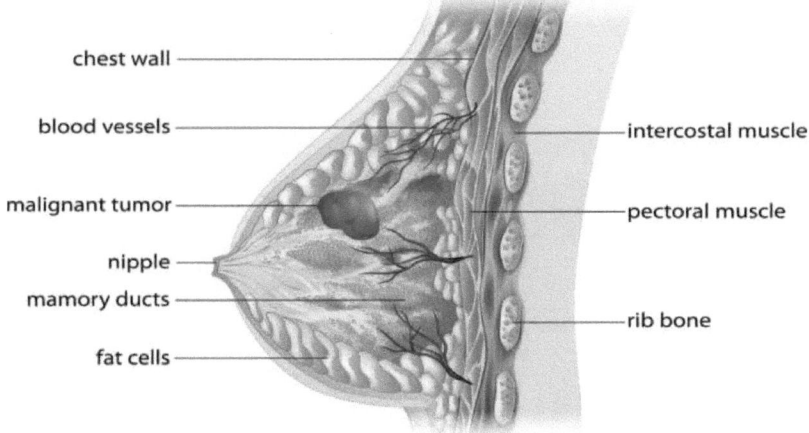

Figura n.4: Questa immagine mostra l'anatomia del seno.

Composizione del cancro al seno:

Sia gli uomini che le donne hanno il seno, ma le donne hanno un tessuto mammario maggiore rispetto agli uomini.

Il seno femminile è composto da diversi componenti, tra cui:

1- I lobuli che secernono il latte materno

2-Dotti, che spostano il latte verso il capezzolo

3-Tessuto grasso (adiposo) e tessuto connettivo (fibroso), che comprende i lobuli e i dotti.

Tutti i seni presentano tessuto adiposo e fibroso. I lobuli possono essere chiamati anche tessuto ghiandolare. Il tessuto mammario si estende dalla clavicola alla parte inferiore delle costole, allo sterno e all'ascella.

I lobi e i dotti del seno:

In ogni mammella femminile sono presenti 15-20 lobi, o porzioni. Ogni lobo è composto da molte sacche minori chiamate lobuli (ghiandole del latte). Sono questi i lobuli che producono il latte nelle donne che allattano. I lobi e i lobuli sono collegati al capezzolo da tubi chiamati dotti, che portano il latte al capezzolo. Durante l'allattamento il latte passa attraverso il capezzolo fino al lato esterno.

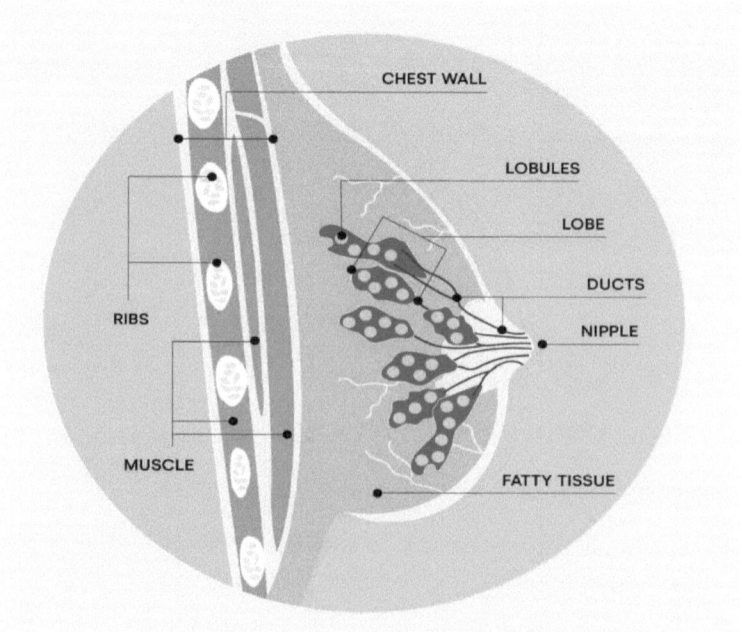

Figura n.5: Questa immagine mostra i lobi e i dotti del seno.

Linfonodi:

I linfonodi, chiamati anche ghiandole linfatiche, sono piccole strutture arrotondate di circa 1 mm - 25 mm che si trovano in tutto il corpo.

I linfonodi fanno parte del sistema linfatico. Il sistema linfatico è la parte principale del sistema immunitario che salva l'organismo da malattie, ulcerazioni e infezioni. Si tratta di una rete di tubi sottili, chiamati vasi linfatici, che hanno origine in tutto il corpo.

Questi vasi linfatici spostano un fluido chiaro chiamato linfa tra i linfonodi. I linfonodi puliscono la linfa per rimuovere le sostanze pericolose per l'organismo, come i batteri o le cellule tumorali. Ciò contribuisce a preservare l'organismo da malattie o infezioni. La linfa ritorna poi nel sangue.

I linfonodi vicini al seno sono quelli dell'ascella, noti come linfonodi ascellari. I linfonodi ascellari drenano la linfa dai tessuti vicini, coinvolgendo il seno. Esistono anche linfonodi sotto lo sterno (linfonodi mammari interni) e nel collo (linfonodi sopraclaveari). Il numero di linfonodi varia da persona a persona. Di norma, nell'ascella sono presenti circa 15-30 linfonodi.

Il motivo è che i vasi linfatici trasportano la linfa lontano dal seno; in caso di cancro al seno, le cellule cancerose possono entrare nei vasi linfatici e iniziare a crescere nei linfonodi. I linfonodi ascellari sono spesso il primo luogo di diffusione del cancro all'esterno del seno. Di solito si ricorre all'intervento chirurgico per rimuovere uno o più linfonodi ascellari e verificare la diffusione del cancro. L'origine del cancro nei linfonodi influisce sulla stadiazione e sul trattamento del tumore al seno.

Cambiamenti normali del seno:

Il seno femminile subisce vari cambiamenti normali nel corso della vita. Gli ormoni sono i principali responsabili di queste alterazioni. Esse possono essere associate alla gravidanza, al ciclo mestruale o al normale processo di invecchiamento. La maggior parte delle alterazioni del seno non sono cancerogene. Tuttavia, se si nota un'alterazione insolita del seno, è importante rivolgersi al proprio medico in modo da poterla controllare il prima possibile.

Nel corso della vita, i cambiamenti tipici del seno includono:

- **Alterazioni del seno legate alla gravidanza:**

Durante la gravidanza, il seno subisce diversi cambiamenti nella composizione per l'allattamento dopo la nascita. L'areola che circonda il capezzolo si ingrandisce e diventa più scura. I lobuli (ghiandole del latte) del seno si sviluppano in dimensioni e numero. Inoltre, iniziano a produrre latte per consentire alla madre di allattare il proprio bambino.

- **I cambiamenti ormonali hanno un impatto sul seno:**

Nel corso della crescita della donna, dalla pre-pubertà alla pubertà, alla gravidanza e alla menopausa, il seno è influenzato da diversi tipi di fluttuazioni ormonali. Durante la pubertà, gli ormoni prodotti dalle ovaie (come gli estrogeni) causano la crescita e lo sviluppo del seno. Dopo la pubertà, gli ormoni estrogeni e progesterone cambiano durante il ciclo mestruale mensile della donna. Le donne possono avvertire un ingrossamento del seno o una sua tenerezza a seconda del periodo del mese.

Durante la gravidanza l'organismo produce ulteriori estrogeni e progesterone, che innescano la crescita e lo sviluppo del seno per preparare la madre all'allattamento.

Intorno alla menopausa (per menopausa), le ovaie smettono di produrre ormoni femminili, tra cui gli estrogeni. Senza estrogeni, il tessuto mammario diminuisce di dimensioni. I cicli mestruali mensili cessano durante la menopausa, o post-menopausa.

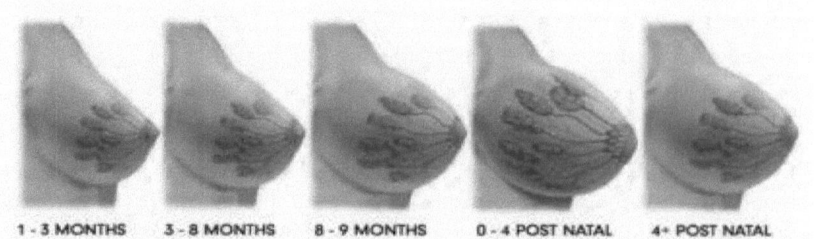

Figura n.6: questa immagine mostra i cambiamenti del seno durante la gravidanza

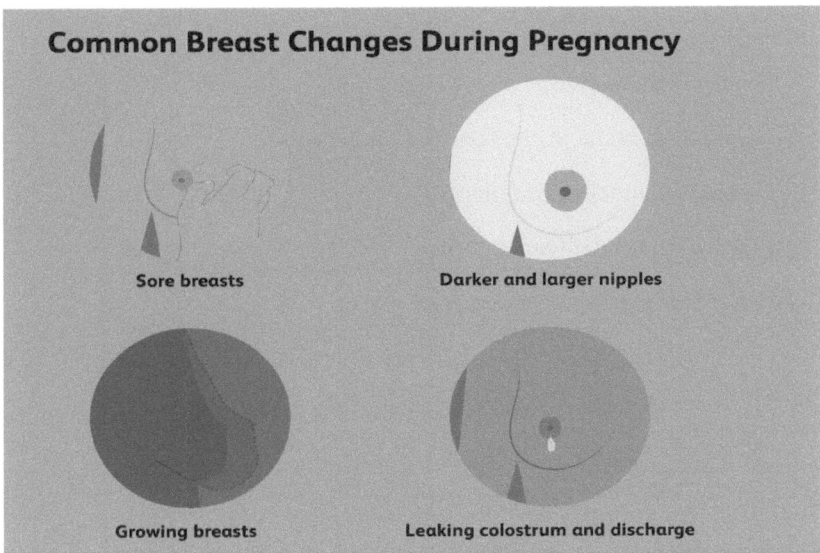

Figura n. 7: Questa immagine mostra i comuni cambiamenti del seno durante la gravidanza.

Tipi di cancro al seno

Tipi di cancro al seno:

1-Carcinoma duttale in situ (DCIS)   non invasivo.

2-Carcinoma duttale   infiltrante.

3-Cancro   al seno infiammatorio.

4-Poche altre tipologie particolari.

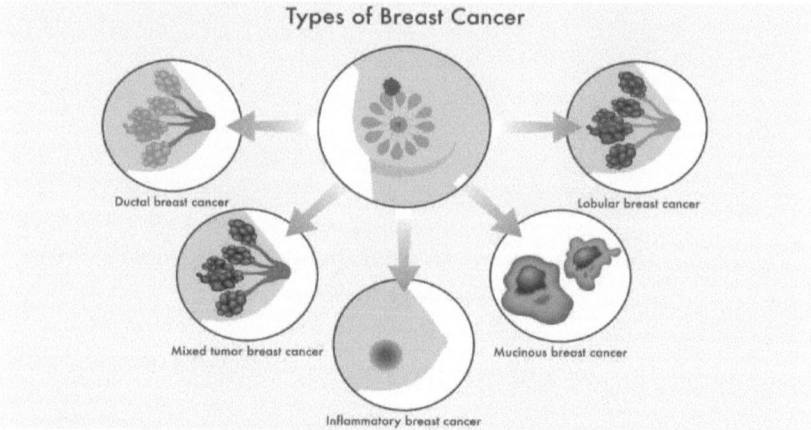

Figura n.8: Questa immagine mostra i diversi tipi di cancro al seno.

1-Carcinoma duttale in situ (DCIS) non invasivo:

Il DCIS è un tumore non invasivo in cui le cellule anomale hanno origine nel rivestimento di un dotto mammario ma non hanno invaso i tessuti vicini. **Il** termine "in situ" significa "nel suo luogo originale", a dimostrazione del fatto che le cellule tumorali sono limitate ai dotti e non hanno invaso i tessuti circostanti. Il DCIS è considerato un precursore del cancro al seno invasivo.

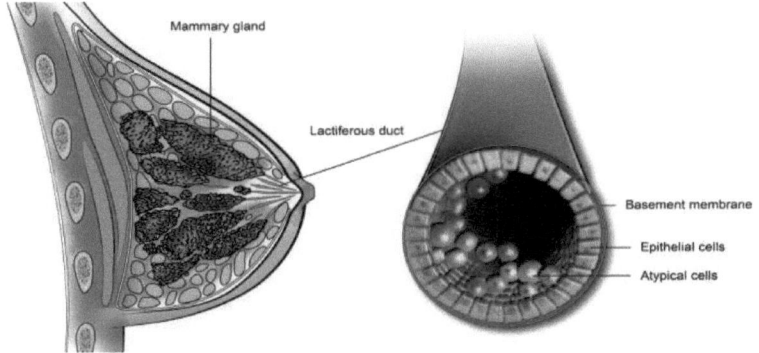

Figura n.9: Questa immagine mostra il carcinoma duttale in situ.

Carcinoma duttale infiltrante 2:

Il tipo di cancro al seno più diffuso è il carcinoma duttale infiltrante (IDC), talvolta noto come carcinoma duttale invasivo. L'IDC rappresenta circa il 75% di tutti i casi di cancro al seno.

Quando un cancro è invasivo, si è diffuso in tutti i tessuti del seno. Il termine duttale si riferisce al cancro che inizia nei tubi che trasferiscono il latte dai lobuli al capezzolo, noti come dotti lattiferi. Qualsiasi tumore che inizia nella pelle o in altri tessuti che coprono gli organi interni, come il tessuto mammario, viene definito carcinoma. Il carcinoma duttale invasivo presenta alcune caratteristiche, tra cui:

> **Origine:**

L'IDC inizia nei dotti lattiferi del seno, che sono i tubi che portano il latte dai lobuli, dove viene prodotto, al capezzolo.

> **Invasività:**
> Come suggerisce il nome, il carcinoma duttale invasivo è caratterizzato dalla capacità di sfondare la parete del dotto e di invadere i tessuti più vicini del seno.
> **Caratteristiche istologiche:**

Esame patologico: La diagnosi è in genere confermata da una biopsia, in cui viene prelevato un piccolo campione di tessuto ed esaminato al microscopio.

Valutazione:

L'IDC viene spesso classificato in base all'aspetto anormale delle cellule e alla loro velocità di divisione. La classificazione aiuta a determinare l'aggressività del tumore.

> **Sottotipi molecolari:**

Stato dei recettori ormonali: I tumori IDC possono esprimere recettori ormonali come quelli per gli estrogeni e il progesterone, rendendoli suscettibili alle terapie ormonali.

Stato HER2: Alcune IDC possono sovraesprimere il gene HER2/neu, rendendole sensibili a terapie mirate come Herceptin.

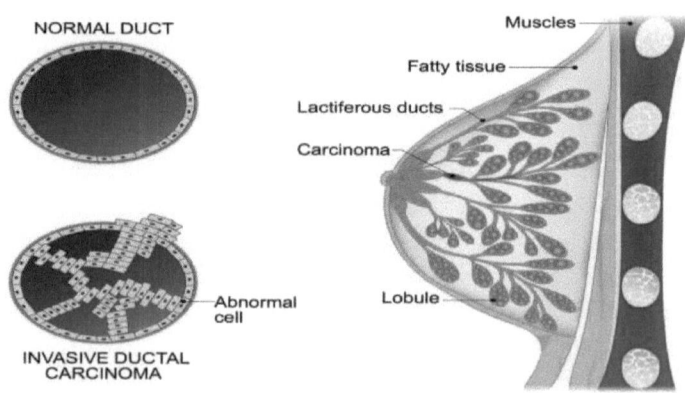

Figura n.10: Questa immagine mostra il carcinoma duttale invasivo.

3-Cancro al seno infiammatorio:

Il carcinoma mammario infiammatorio (IBC) è un tipo di tumore al seno poco frequente e ostile, caratterizzato da una rapida insorgenza dei sintomi. A differenza di altri tipi di cancro al seno, l'IBC spesso non si presenta come un nodulo o una massa prominente, il che può rendere difficile la diagnosi. Si manifesta invece tipicamente con arrossamento, gonfiore e calore del seno. La mammella colpita può anche apparire più grande, sembrare pesante e avere un aspetto bucherellato o con fossette, simile alla buccia di un'arancia.

Ecco alcune caratteristiche e dettagli chiave del cancro al seno infiammatorio:

> **Sintomi:**

Insorgenza rapida: la IBC tende a svilupparsi rapidamente, con sintomi che compaiono in un breve periodo, a volte entro poche settimane.

Cambiamenti del seno: Arrossamento, gonfiore e calore del seno sono comuni. La pelle può apparire di colore rosso-violaceo e può avere un aspetto strutturato o increspato.

Peau d'Orange: La pelle può assomigliare alla buccia di un'arancia per la sua consistenza a fossette.

Dolore: il seno può risultare tenero o doloroso.

Diagnosi:

Esame clinico: La diagnosi inizia spesso con un esame fisico da parte di un operatore sanitario che può notare i cambiamenti caratteristici del seno.

Biopsia: una biopsia è necessaria per confermare la diagnosi. Un piccolo campione di tessuto viene prelevato dall'area interessata ed esaminato al microscopio per identificare le cellule tumorali.

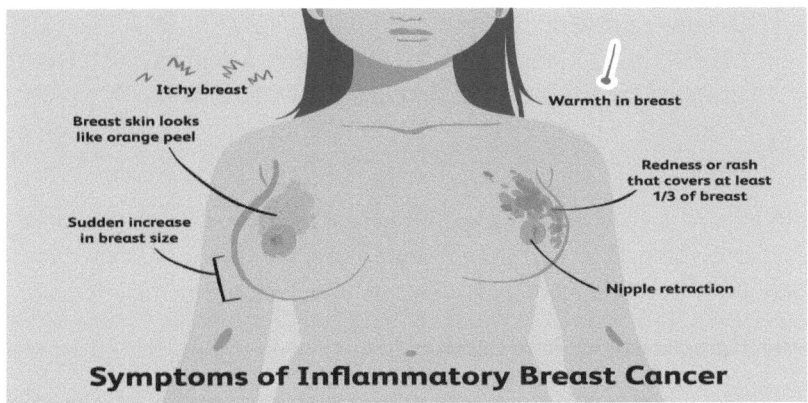

Figura n.11: Questa immagine mostra un tumore al seno di tipo infiammatorio.

4-Altre tipologie specifiche di cancro al seno:

Carcinoma lobulare invasivo (ILC):

L'ILC si sviluppa nei lobuli del seno, quelli che producono il latte, e si diffonde per lo più ai tessuti circostanti. Il tipo specifico di cancro al seno che inizia nei lobuli mammari viene definito carcinoma lobulare invasivo (ILC). Le ghiandole che producono latte sono chiamate lobuli e il carcinoma lobulare invasivo costituisce circa il 10%-15% di tutti i tumori maligni invasivi del seno.

- **Sintomi:**

Nelle fasi iniziali, il carcinoma lobulare invasivo può non dare segni e sintomi. Quando il carcinoma lobulare invasivo si espande, può provocare:

  o Un'area di ispessimento in una parte del seno
  o Una nuova area di pienezza o gonfiore del seno
  o Un cambiamento nella consistenza o nell'aspetto della pelle sopra il seno, come una fossetta o un ispessimento
  o Un capezzolo appena invertito
  o Il carcinoma lobulare invasivo è meno simile di altri tipi di cancro al seno a causare un nodulo mammario forte o specifico.

- **Origine e crescita:**
  L'ILC inizia nei lobuli del seno, le strutture che producono il latte. È chiamato "invasivo" perché le cellule tumorali hanno il Potenziale di invadere i tessuti vicini e di diffondersi ad altre parti del corpo.

A differenza del carcinoma duttale invasivo (IDC), che è il tipo più comune di cancro al seno, l'ILC spesso non forma un nodulo specifico. In alternativa, tende a diffondersi in modo più diffuso in tutto il tessuto mammario.

- **Caratteristiche delle cellule:**

Le cellule tumorali di ILC sono caratterizzate da una perdita della proteina di adesione E-caderina. Questa perdita di adesione favorisce la capacità delle cellule di diffondersi e invadere i tessuti più vicini.

Le cellule ILC possono apparire in file singole e in deficit di coesione come in altri tipi di tumore al seno.

- **Diagnosi:**

La diagnosi viene tipicamente effettuata attraverso la combinazione di studi di imaging, come mammografie, ecografie e risonanze magnetiche, nonché una biopsia per esaminare e riconoscere il tessuto mammario e confermare la presenza di cellule tumorali.

Figura n.12: Questa immagine mostra il carcinoma lobulare invasivo.

> ➤ **Cancro al seno con stato triplo negativo:**

Il TNBC è caratterizzato dall'assenza di recettori per gli estrogeni, recettori per il progesterone e recettori HER2/neu. Questo tipo è spesso più ostile e può essere difficile da trattare. Il carcinoma mammario triplo negativo (TNBC) è un tipo raro di cancro al seno invasivo. Rappresenta il 15% di tutti i casi di cancro al seno invasivo. A differenza della maggior parte dei tumori al seno, le cellule del tumore al seno triplo negativo non presentano le seguenti caratteristiche:

- **Recettori per estrogeni e progesterone:** Gli ormoni estrogeni e progesterone hanno recettori in circa due terzi dei casi di cancro al seno. I recettori sono molecole sulla superficie delle cellule che riconoscono le sostanze che possono attaccarsi alle cellule e i loro effetti sulle cellule stesse. Le cellule del cancro al seno triplo-negativo non presentano questo tipo di recettori.

- **Recettori HER2: Il** 15%-20% dei casi di cancro al seno è causato da cellule HER2-positive. Un cancro al seno HER2-positivo dipende dalla via HER2 per dividersi e crescere rapidamente. Questo gene produce le proteine HER2, che sono anche recettori specifici. Le cellule del cancro al seno triplo-negativo non hanno recettori HER2.

- **Sintomi:**

I sintomi del tumore al seno triplo negativo sono gli stessi degli altri tumori al seno più comuni. I sintomi del TNBC possono includere

- o Un nuovo nodulo o massa.
- o Gonfiore in tutte le parti del seno.
- o Pelle scura.
- o Dolore e irritazione al seno o ai capezzoli.
- o Retrazione del capezzolo, quando il capezzolo ruota verso l'interno.
- o Pelle del capezzolo o del seno ruvida, desquamata, ispessita o arrossata.
- o Perdite dal capezzolo che non sono latte materno.
- o Linfonodi gonfi. Questi sintomi si verificano quando il tumore al seno si diffonde ai linfonodi sotto il braccio o vicino alla clavicola.

Ricordate che molti sintomi del tumore al seno sono simili a quelli di altre patologie più gravi. Ciò significa che la presenza di alcuni sintomi non implica necessariamente la presenza di un tumore al seno.

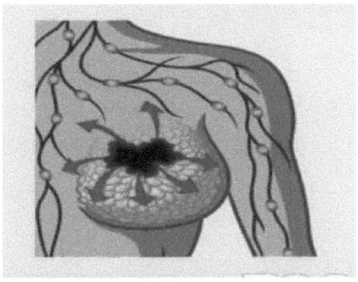

Cancro al seno triplo negativo

➢ Cancro al seno HER2-Positivo:

Questo tipo di cancro al seno è caratterizzato dalla sovraespressione del gene HER2/neu. Può essere raro e ostile, ma le terapie mirate come il trastuzumab (Herceptin) sono molto efficaci nel trattarlo. Il tumore al seno esaminato come HER2-positivo tende a svilupparsi più rapidamente, a diffondersi (tumore al seno metastatico) e a ripresentarsi.

Il tumore HER2-positivo può essere aggressivo, ma resiste meglio al trattamento del tumore al seno che ha come bersaglio le proteine HER2. Non ci sono sintomi insoliti o fattori di rischio associati al cancro al seno HER2-positivo, anche se alcuni studi suggeriscono che lo stato HER2-positivo è più comune nelle donne più giovani.

Sintomi del cancro al seno HER2 positivo:

Il cancro al seno HER-positivo non presenta sintomi particolari. Le indicazioni comuni di questo tipo di tumore al seno coincidono con i sintomi standard del seno e possono essere rilevate da una mammografia durante lo screening di routine del tumore al seno:

- o Cambiamenti nella forma del seno
- o Massa o reperto sospetto in una mammografia
- o Nodulo al seno
- o Dolore al seno o al capezzolo
- o Perdita dal capezzolo
- o Inversione del capezzolo Gonfiore del seno

17

o Ispessimento della pelle del capezzolo
o Piegatura del seno

Il tumore al seno HER2-positivo è definito dalla presenza di un eccesso di proteine HER2, che richiede un test e non può essere identificato attraverso i sintomi.

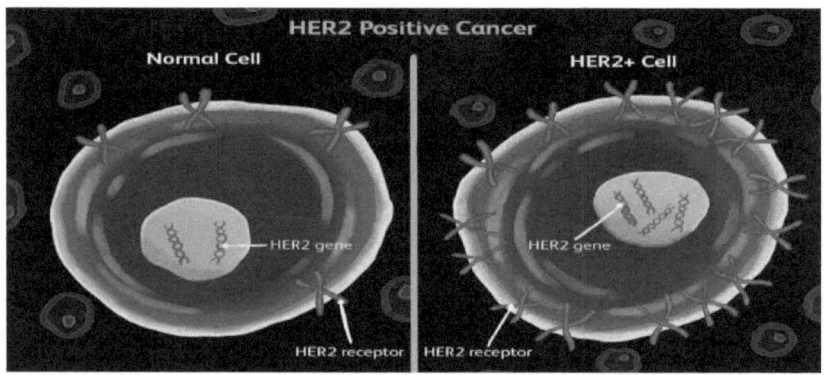

Figura n.13: Questa immagine mostra le cellule cancerose HER2 positive.

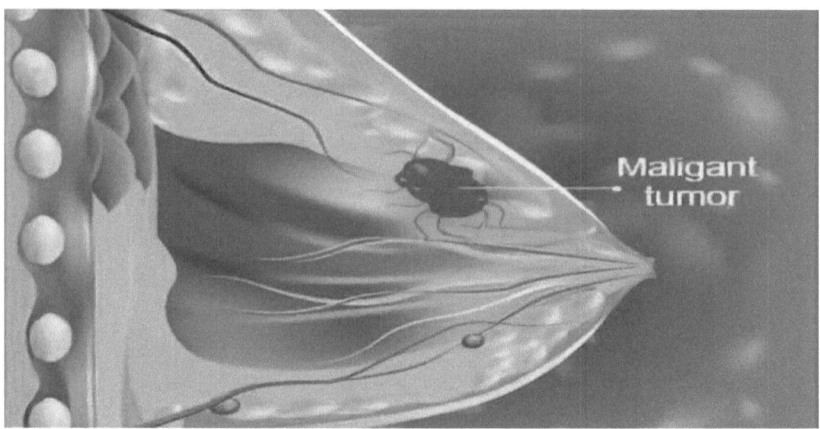

Figura n.14: Questa immagine mostra il tumore al seno HER2 positivo.

➤ **Cancro al seno metastatico:**

Il tumore al seno metastatico, noto anche come tumore al seno al quarto stadio, si verifica quando il tumore al seno si diffonde in un'altra parte del corpo, come le ossa, i polmoni, il cervello o il fegato. Questo tipo di processo, chiamato metastasi, si verifica quando le cellule tumorali si separano dal tumore mammario originale e viaggiano lungo il flusso sanguigno o il sistema linfatico.

La recidiva del tumore al seno in parti specifiche del corpo, mesi o anni dopo la diagnosi e il trattamento iniziale, è definita recidiva metastatica o a distanza. Circa il 30% delle donne a cui viene inizialmente diagnosticato un tumore al seno in fase iniziale sviluppa una malattia metastatica. Sebbene i casi di tumore al seno maschile siano più rari e aggressivi, anche gli uomini possono andare incontro a metastasi.

Quando il tumore al seno viene riconosciuto inizialmente in stato metastatico, si parla di tumore al seno metastatico de novo, a dimostrazione del fatto che si è già diffuso in altre parti del corpo al momento della diagnosi.

Il tumore al seno metastatico distingue le cellule dal tumore al seno originale. Di conseguenza, se il cancro al seno si diffonde all'osso, il tumore risultante nell'osso contiene le cellule del cancro al seno e non quelle del cancro all'osso.

Ricevere una diagnosi di tumore al seno metastatico può stimolare una serie di emozioni tra cui rabbia, paura, stress, ansia o tristezza. Le persone possono mettere in discussione i trattamenti precedenti e la preoccupazione principale è rivolta agli operatori sanitari, oppure sperimentare una serie di meccanismi di coping. Le persone dovrebbero dare la priorità a ciò che sentono giusto per loro.

Sintomi:

I sintomi del carcinoma mammario metastatico possono variare a seconda della localizzazione del tumore, ma possono includere:

- o Dolore persistente alla schiena, alle ossa o alle articolazioni
- o Difficoltà a urinare
- o Intorpidimento o debolezza

- Tosse secca cronica
- Difficoltà di respirazione
- Dolore al petto
- Perdita di appetito
- Malessere addominale o nausea persistente
- Ittero (colorazione gialla della pelle e del bianco degli occhi)
- Forti mal di testa
- Problemi di vista (visione sfocata, visione doppia, perdita della vista)

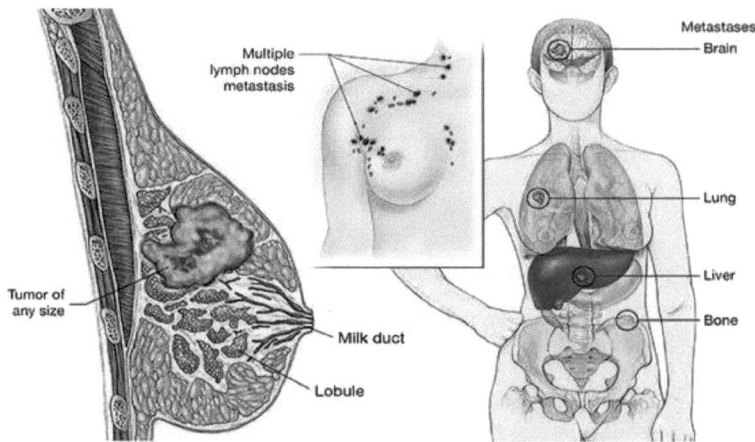

Figura n.13: Questa immagine mostra il cancro al seno metastatico.

Fasi del cancro al seno

Esistono cinque stadi del cancro al seno, che partono da zero e arrivano a quattro (sono indicati dai numeri romani I, II, III e IV). (Esistono diverse variabili tra alcuni stadi.

I tumori sono stimati in millimetri e centimetri (dieci millimetri equivalgono a un centimetro). Di conseguenza, misuriamo i tumori in millimetri.

Cancro al seno allo stadio 0:

Lo stadio 0 del cancro al seno è lo stadio iniziale, che evolve in tumori non invasivi o pre-cancro come il carcinoma duttale in situ (DCIS). In questo stadio non è possibile verificare la presenza di cellule tumorali che invadono il tessuto normale vicino.

Cancro al seno in stadio I:

Lo stadio I è caratterizzato da un tumore invasivo molto precoce, in cui le cellule tumorali si sono diffuse al tessuto mammario più vicino, ma sono ancora riservate a una piccola area. È ulteriormente suddiviso in due sottocategorie:

- Fase IA
- Fase IB

Stadio IA: Tumore stimato fino a 20 millimetri senza cancro nei linfonodi.

Stadio IB: o un tumore di piccole dimensioni (fino a 20 millimetri) con piccoli gruppi di cellule tumorali nei linfonodi o nessun tumore nel seno ma con piccoli gruppi di cellule tumorali nei linfonodi.

Cancro al seno in stadio II:

Lo stadio II indica un tumore che è cresciuto o si è ingrandito in un'area limitata del seno. Si divide in:

- Fase IIA
- Fase IIB

Stadio IIA: Nessun tumore nella mammella o un tumore fino a 20 millimetri con diffusione del cancro ai linfonodi circostanti, oppure un tumore da 20 a 50 millimetri nella mammella senza coinvolgimento dei linfonodi.

Fase IIB:

Un tumore di 20-50 millimetri con diffusione del cancro a uno-tre linfonodi più vicini o un tumore più grande di 50 millimetri senza coinvolgimento dei linfonodi.

Carcinoma mammario in stadio III:

Lo stadio III mostra un'ulteriore diffusione nella mammella o un tumore di dimensioni maggiori. Le sottocategorie comprendono:

- Stadio IIIA
- Stadio IIIB
- Stadio IIIC

Stadio IIIA:

Cancro in quattro-nove linfonodi vicini o un tumore al seno più grande con diffusione del cancro a uno-tre linfonodi vicini.

Stadio IIIB:

Il tumore si è diffuso alla parete toracica, alla pelle o a ben nove linfonodi ascellari.

Stadio IIIC:

Presenza di tumore in numerose aree linfonodali o coinvolgimento cutaneo.

Cancro al seno al quarto stadio:

Lo stadio IV è quello più avanzato, in cui il cancro si è diffuso a particolari parti del corpo oltre al seno, compresi organi come polmoni, fegato, cervello o ossa. Può trattarsi di una diagnosi precoce o di una recidiva di un tumore al seno già diagnosticato in precedenza.

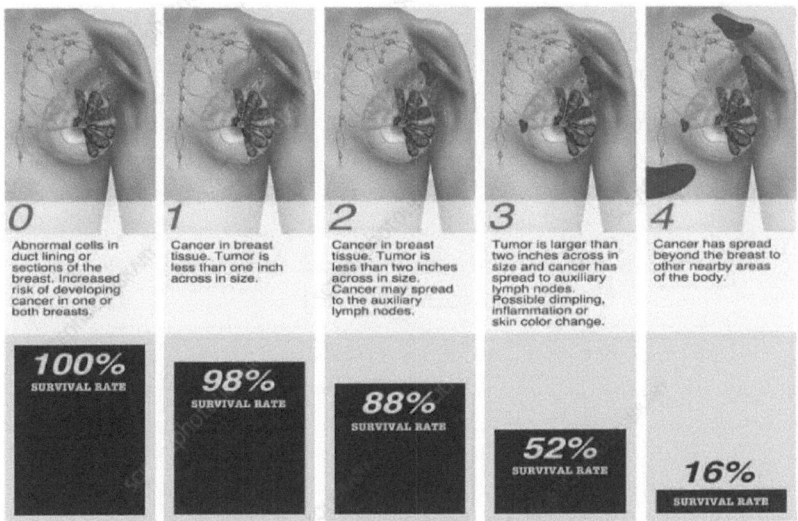

Figura n.14: Questa immagine mostra le fasi del cancro al seno.

Fattori di rischio del cancro al seno

Un fattore di rischio è un qualsiasi fattore che aumenta la probabilità di sviluppare il cancro; tuttavia, la maggior parte non lo causa direttamente. Mentre alcune persone con vari fattori di rischio non si ammalano di cancro, altre che non ne hanno alcuno si ammalano. La comprensione di questi fattori può aiutarci a definire lo stile di vita e le scelte sanitarie. I fattori di rischio influenzano il cancro al seno soprattutto nelle donne e si sviluppano rapidamente.

Il cancro al seno si divide in due categorie: sporadico ed ereditario. I casi sporadici hanno origine da un danno genetico casuale dopo la nascita e non comportano un rischio ereditario. I casi ereditari derivano da mutazioni genetiche trasmesse in famiglia, come le mutazioni BRCA1, BRCA2 e PALB2, che possono portare alla crescita e allo sviluppo incontrollato delle cellule. Queste due categorie aumentano la rapida crescita delle cellule cancerose del seno.

Esistono molti fattori di rischio che influenzano il rischio di cancro al seno, tra cui l'età, l'anamnesi personale e familiare (anamnesi personale e familiare), la predisposizione genetica e lo stile di vita, come il peso, l'attività fisica, il consumo di alcol e la terapia ormonale sostitutiva. Inoltre, anche molte situazioni mediche ed esposizioni ambientali possono aumentare il rischio. Questi fattori di rischio sono controllati anche da numerose misure di prevenzione e trattamento per controllare o sradicare la radice di questo tipo di cancro.

Di seguito sono riportati i fattori di rischio del cancro al seno:

- Età
- Storia personale di cancro al seno
- Storia familiare di cancro al seno
- Rischio ereditario/ predisposizione genetica
- Storia personale di cancro alle ovaie
- Mestruazioni precoci e menopausa tardiva
- Tempistica della gravidanza
- Sostituzione ormonale

- Contraccettivi orali o pillole anticoncezionali
- Densità del seno
- Iperplasia atipica del seno
- Fattori legati allo stile di vita
- Fattori socioeconomici

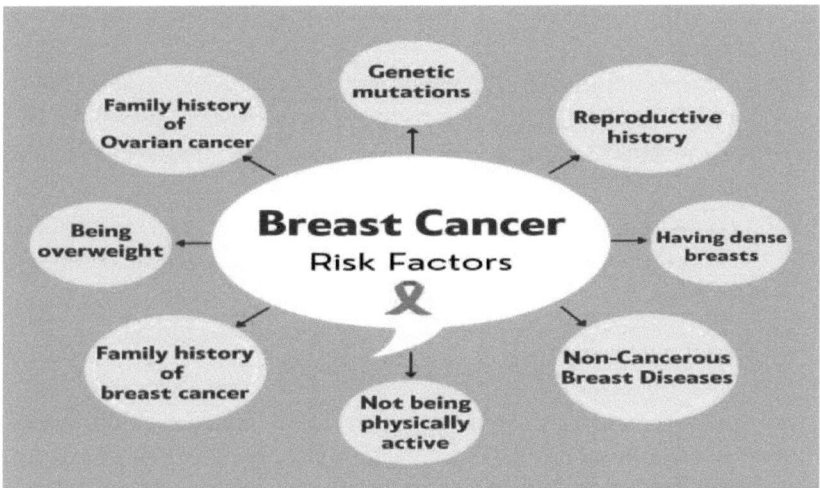

Figura n.15: Questa immagine mostra i fattori di rischio del cancro al seno.

Età:

Il rischio di sviluppare un tumore al seno aumenta soprattutto con l'età. La maggior parte dei tumori si sviluppa dopo i 50 anni. L'età media di insorgenza del tumore al seno è di circa 63 anni. L'età è il principale fattore di rischio che esercita una grande influenza sul tumore al seno e aumenta il rischio di cancro.

Storia personale di cancro al seno: Una storia personale di cancro al seno aumenta anche questa malattia in un'altra persona. Una donna che ha avuto un cancro al seno in una mammella su entrambe ha un rischio maggiore di sviluppare e far crescere un nuovo cancro nella mammella opposta. Quindi, questo cancro si sviluppa e cresce in entrambi i seni se, avendo una storia personale

Cancro al seno nella storia familiare:

Il cancro al seno può trasferirsi in famiglia in uno di questi tipi di situazioni:

- o A una o più donne viene diagnosticato ed esaminato un tumore al seno all'età di 45 anni o in età più giovane.
- o A una o più donne viene diagnosticato ed esaminato il cancro al seno prima o prima dei 50 anni, con un'ulteriore storia familiare di cancro, come il cancro ovarico, il cancro alla prostata metastatico e il cancro al pancreas.
- o Sono presenti tumori al seno e/o alle ovaie in diverse generazioni di un lato della famiglia, come nel caso di una nonna e di una zia del lato paterno della famiglia a cui è stato diagnosticato ed esaminato uno di questi tipi di cancro.
- o Una donna della famiglia viene esaminata con un secondo tumore al seno nello stesso o nell'altro seno o ha sia il tumore al seno che quello alle ovaie
- o A un parente viene diagnosticato un tumore al seno maschile
- o Possesso di ascendenze ebraiche Ashkenazi

È molto importante parlare con il proprio medico di famiglia se nella propria famiglia si è verificata una delle condizioni sopra descritte. Potrebbe essere un sintomo che la vostra famiglia è portatrice di una mutazione genetica ereditaria del cancro al seno, come BRCA1, BRCA2 o PALB2.

Quando si esamina l'anamnesi familiare, è importante considerare anche il lato paterno della famiglia. Il lato paterno è altrettanto importante di quello materno nella diagnosi e nella determinazione del rischio personale di sviluppare e aumentare il cancro al seno.

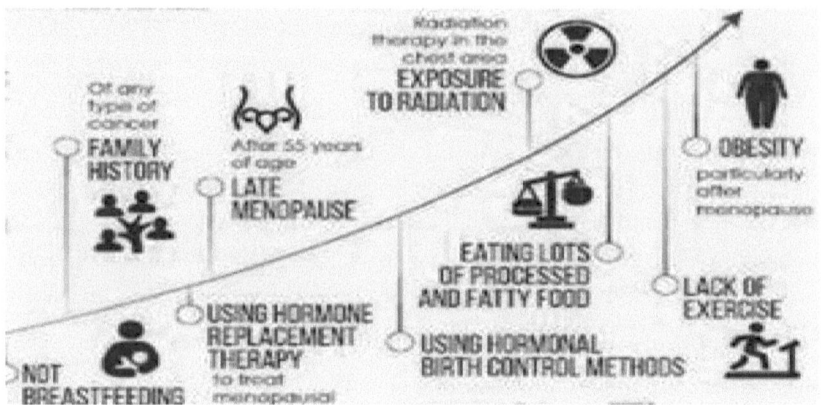

Figura n.15: Questa immagine mostra i fattori di rischio.

Suscettibilità ereditaria/ereditarietà genetica:

Esistono diverse mutazioni genetiche ereditarie associate a un aumento del rischio di cancro al seno e di molti altri tipi di cancro. BRCA1 o BRCA2 sono i geni più comuni e insoliti collegati al cancro al seno. Le mutazioni in questi geni sono associate a un aumento del rischio di cancro al seno, alle ovaie e ad altri tipi di cancro. Anche il cancro al seno maschile e il rischio di cancro alla prostata e di altri tipi di cancro aumentano in presenza di mutazioni in uno di questi geni.

Il rischio di cancro al seno può essere aumentato anche da altre anomalie genetiche o da disturbi ereditari. Rispetto a BRA1 o BRA2, sono molto meno comuni e non aumentano significativamente il rischio di cancro al seno. Ecco alcuni di questi geni e sindromi:

- o Sindrome di Lynch, legata ai geni MLH1, MSH2, MSH6 e PMS2
- o Sindrome di Cowden (CS), legata al gene PTEN
- o La sindrome di Li-Fraumeni (LFS), legata al gene TP53
- o Sindrome di Peutz-Jeghers (PJS), collegata al gene STK11
- o Cancro gastrico diffuso ereditario, legato al gene CDH1
- o Gene PALB2
- o Gene CHEK2

Altri geni possono potenzialmente aumentare la possibilità di sviluppare il cancro al seno. Per capire in che modo aumentano il rischio di un individuo, sono necessarie ulteriori ricerche. Si può ereditare una mutazione genetica, per esempio, e non avere il cancro al seno. È in corso anche la ricerca di altri geni che possono influenzare il rischio di cancro al seno. È possibile eseguire test genetici con analisi del sangue o della saliva per verificare la presenza di mutazioni note nei geni BRCA1 e BRCA2 e in altri geni collegati a disturbi ereditari. Informatevi presso il vostro medico se è il caso di sottoporvi a un test genetico.

Un test che il medico potrebbe suggerire è un "panel test". Un panel test ricerca simultaneamente mutazioni in molti geni. Il medico può suggerire un numero qualsiasi di panel test. Questi test non sono consigliati a tutti e si consiglia di sottoporsi a un'adeguata consulenza genetica prima di eseguire il test per assicurarsi che venga eseguito il test corretto e che si sia consapevoli dei risultati del test.

Esistono test che una persona può richiedere direttamente a una società di analisi e che non richiedono l'ordine del medico. In genere si tratta di un kit inviato per posta. Se si sceglie di sottoporsi a uno di questi test, è necessario discuterne prima con il proprio medico, poiché alcuni test valutano solo un numero limitato di geni. Ciò significa che possono fornire informazioni incomplete e che potrebbe essere necessario eseguire un altro test per controllare tutti i geni che potrebbero essere importanti per voi in base alla vostra storia familiare. Inoltre, potrebbe essere necessario ripetere il test per confermare la correttezza dei risultati. Per saperne di più sulle basi dei test genetici per il rischio di cancro.

Se si scopre di avere una mutazione genetica, si possono intraprendere azioni per ridurre il rischio di sviluppare il cancro al seno e alle ovaie. Potrebbero richiedere un programma di screening del cancro al seno diverso da quello della popolazione generale, con un maggior numero di test o una data di inizio più ravvicinata. Inoltre, potrebbero richiedere altre procedure di screening per altre malattie, come una colonscopia eseguita in età più precoce per identificare il cancro del colon-retto.

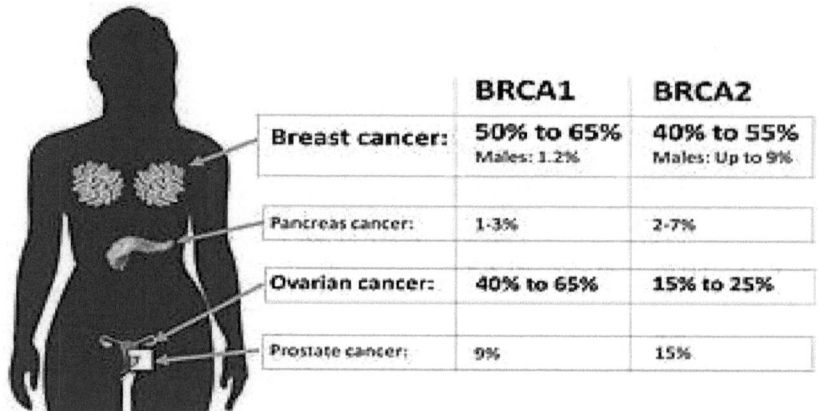

Figura n.16: Questa immagine mostra la mutazione BRCA.

Anamnesi di cancro ovarico dell'individuo:

La presenza di mutazioni in geni come BRCA1 e BRCA2 aumenta significativamente le probabilità di sviluppare un tumore alle ovaie e al seno. Quindi, se a una persona viene diagnosticato un cancro ovarico ereditario a causa di una mutazione del gene BRCA, aumenta anche il rischio di cancro al seno. Analogamente, le mutazioni in PALB2, RAD51C e RAD51D sono collegate a un aumento del rischio di cancro ovarico e mammario. Al contrario, le donne con tumore al seno che non hanno ereditato mutazioni in questi geni non corrono un rischio maggiore di tumore ovarico.

Menopausa tardiva con mestruazioni precoci:

Un rischio maggiore di cancro al seno è legato all'inizio precoce delle mestruazioni (prima degli 11 o 12 anni) o a un inizio più tardivo della menopausa (dopo i 55 anni). Questo aumenta il rischio di cancro al seno nelle donne. Questo rischio più elevato deriva dalla maggiore esposizione delle cellule mammarie agli estrogeni e al progesterone, ormoni responsabili della stimolazione delle caratteristiche sessuali secondarie come la crescita del seno e la gravidanza. La produzione di questi ormoni diminuisce con l'aumentare dell'età. Inoltre, un maggior rischio di questi ormoni aumenta direttamente il rischio di sviluppare il cancro al seno ed è molto pericoloso per le donne.

Quando rimanere incinta:

Ritardare la prima gravidanza fino a dopo i 35 anni o non avere mai avuto una gravidanza a termine aumenta il rischio di cancro al seno. Si ritiene che la gravidanza offra una protezione contro il cancro al seno perché innesca l'ultima fase di maturazione delle cellule mammarie.

Terapia ormonale sostitutiva dopo la menopausa:

L'uso di una terapia ormonale che comprende sia estrogeni che progestinici dopo la menopausa, normalmente chiamata terapia ormonale sostitutiva. Questo tipo di terapie ha aumentato il rischio di cancro al seno nelle donne dopo 5 anni. I casi di tumori al seno di nuova diagnosi sono diminuiti grazie alla riduzione dell'uso della terapia ormonale in postmenopausa. La maggior parte delle donne si trova ad affrontare questo tipo di rischio dopo questa terapia.

Contraccettivi orali o pillole anticoncezionali:

Alcuni studi raccomandano che i contraccettivi orali usati per prevenire la gravidanza aumentano leggermente il rischio di sviluppare o crescere il cancro al seno, ma altri studi dimostrano che non c'è alcun legame tra l'uso di contraccettivi orali e lo sviluppo del cancro al seno.

Un caso insolito di iperplasia mammaria:

Si tratta di cellule anomale, ma non cancerose, riscontrate in una biopsia del seno. Quindi, l'iperplasia atipica del seno aumenta il rischio di cancro al seno nelle donne.

Densità del seno:

Se si ha un tessuto mammario denso, di solito significa che nel seno sono presenti più ghiandole lattifere, dotti lattiferi e tessuto di sostegno che tessuto adiposo. La densità del tessuto mammario è una misura utilizzata per spiegare le immagini della mammografia rispetto alla sensazione del seno. La densità del seno è la causa principale del cancro al seno e aumenta il rischio di questo tipo di tumore nelle donne. La densità del seno normalmente diminuisce con l'età. Tuttavia, il tessuto mammario denso può rendere più difficile l'individuazione di un tumore con i test di imaging standard come la mammografia. Studi recenti dimostrano che i risultati delle mammografie contengono informazioni sulla densità del seno e sulle probabilità di cancro al seno. Inoltre, non esistono linee guida di screening speciali per le persone con un seno denso. È sufficiente adottare misure preventive per ridurre il tumore al seno.

Fattori legati allo stile di vita:

Sono molti i fattori legati allo stile di vita che aumentano e potenziano il rischio di cancro al seno nelle donne.

1. Peso:

Il fattore peso contribuisce all'aumento del rischio di cancro al seno. Il sovrappeso e la post menopausa aumentano il rischio di sviluppare il cancro al seno. Studi recenti dimostrano che anche il peso rientra tra i fattori che aumentano il cancro al seno nelle donne.

2. Attività fisica:

Le attività fisiche regolari riducono il rischio di cancro al seno. Di solito la debolezza in queste attività aumenta e potenzia il rischio di cancro al seno.

3. Alcool:

Il consumo di alcol è associato a un rischio più elevato di cancro al seno, per cui è bene evitare di assumere bevande alcoliche come vino, birra ecc. Esistono molte misure preventive per evitare il consumo di alcol e ridurre il rischio di cancro al seno. Studi recenti dimostrano che questo fattore è principalmente associato allo sviluppo del rischio di cancro al seno.

4. Cibo:

Gli alimenti ricchi di proteine e di molti altri componenti essenziali della vita fanno bene alla salute. Questi alimenti sono migliori per una vita sana e buona. Questi tipi di alimenti contribuiscono a ridurre o minimizzare il rischio di cancro al seno. Aumenta anche il consumo di alimenti ricchi che includono frutta, carne e verdura, in modo da minimizzare il rischio in quantità minore.

Figura n.17: Questa immagine mostra i fattori di rischio legati allo stile di vita.

Fattori socioeconomici:

Tutte le donne benestanti, di qualsiasi razza ed etnia, presentano un rischio più elevato di cancro al seno rispetto alle donne meno abbienti di gruppi simili. Queste distinzioni possono derivare da differenze nelle abitudini alimentari, da fattori legati alla gravidanza come l'età della prima gravidanza e la frequenza delle gravidanze e da numerosi altri fattori di rischio. Le donne con un passato di povertà hanno una maggiore probabilità di essere diagnosticate in fase avanzata e di avere tassi di sopravvivenza più bassi rispetto alle colleghe benestanti. Ciò è influenzato principalmente da vari fattori, tra cui le scelte di vita, altre condizioni di salute come l'obesità e la biologia del tumore. Quindi, questi fattori potrebbero aumentare il rischio di cancro al seno soprattutto nelle donne benestanti.

Esposizione alle radiazioni in giovane età:

Le radiazioni ionizzanti sono molto pericolose per la salute e causano soprattutto il cancro alla pelle e al seno quando il corpo è esposto a queste radiazioni, che aumentano il rischio di sviluppare e sviluppare il cancro al seno nelle donne.

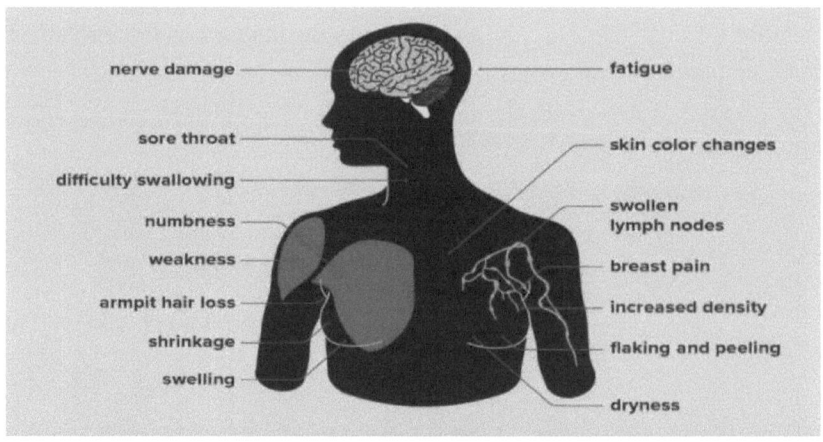

Figura n.18: Questa immagine mostra l'effetto delle radiazioni.

Principali sintomi del cancro al seno

Il cancro al seno viene vissuto da persone diverse in modi diversi. Alcune persone non presentano alcun sintomo o indicatore.

Tra gli indicatori precoci del cancro al seno vi sono:

- Protuberanze fresche al seno o sotto le ascelle.
- Ispessimento o ingrossamento del tessuto canceroso del seno.
- Eruzioni cutanee o fossette sul seno.
- Arrossamento o secchezza della pelle intorno al seno o ai capezzoli.
- Tiro o indolenzimento nella zona del capezzolo.
- Perdite dal seno che non sono latte materno, come ad esempio sangue.
- Qualsiasi modifica della dimensione o della forma del seno.
- Disagio in qualsiasi parte del seno.

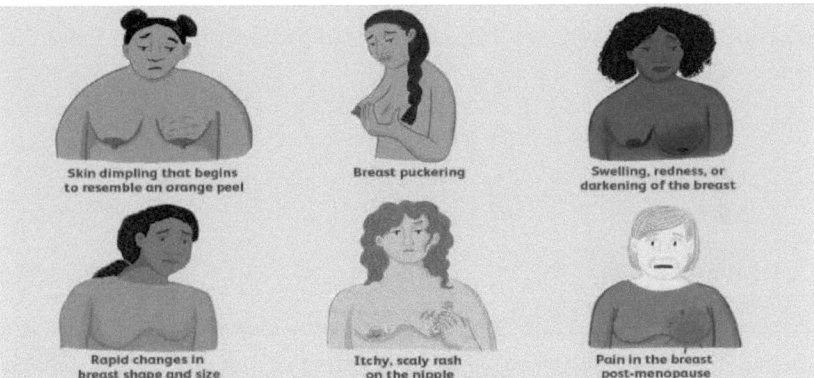

Figura n.18: Questa immagine mostra i principali sintomi del cancro al seno.

Trattamento del cancro al seno

Il cancro al seno viene trattato in vari modi. Dipende dal tipo di tumore al seno e dalla sua diffusione. Le persone affette da cancro al seno spesso ricevono più di un tipo di trattamento.

Di seguito sono riportati i diversi trattamenti del cancro al seno:

- ➢ Chirurgia
- ➢ Chemioterapia
- ➢ Terapia ormonale
- ➢ Terapia biologica
- ➢ Radioterapia

Chirurgia:

L'intervento chirurgico comprende l'estrazione del tumore e del tessuto sano adiacente attraverso una procedura medica. È anche utile per determinare i linfonodi ascellari vicini, situati sotto il braccio. L'oncologo chirurgico è uno specialista nel trattamento del cancro con mezzi chirurgici.

In genere, più il tumore è piccolo, più la paziente ha la possibilità di intervenire chirurgicamente. I tipi di intervento chirurgico per il tumore al seno sono i seguenti:

1. Lumpectomia
2. Mastectomia

1-Lumpectomia:

Questo metodo prevede l'estrazione o l'asportazione del tumore e di una piccola area di tessuto sano circostante, priva di tumore, preservando la maggior parte del tessuto mammario. Nei casi di tumore invasivo, la radioterapia del tessuto mammario rimanente è spesso consigliata dopo l'intervento, in particolare per le pazienti più giovani, per quelle con tumori negativi ai recettori ormonali e per quelle con tumori più grandi.

Per il carcinoma duttale in situ (DCIS), di solito viene somministrata la radioterapia dopo l'intervento chirurgico. Questo approccio chirurgico può essere definito anche chirurgia conservativa del seno, mastectomia parziale, quadrantectomia o mastectomia segmentaria.

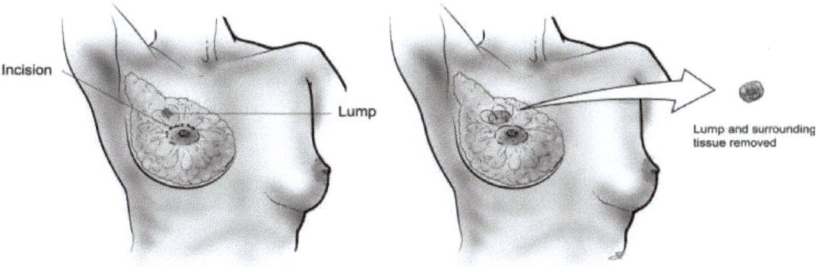

Figura n.19: Questa immagine mostra la lumpectomia.

2-Mastectomia:

La mastectomia comporta l'asportazione o l'estrazione chirurgica di un seno, spesso accompagnata dall'asportazione dei tessuti adiacenti come i linfonodi. Viene utilizzata essenzialmente come trattamento del cancro al seno e, occasionalmente, come misura preventiva per le donne con un rischio maggiore di sviluppare e sviluppare la malattia.

È possibile effettuare una mastectomia:

- Quando una donna non può essere trattata con la chirurgia conservativa del seno (lumpectomia), che risparmia la maggior parte del seno.
- Se una donna, per qualsiasi motivo, decide di sottoporsi a una mastectomia piuttosto che a un intervento di conservazione del seno.
- Per le donne con un rischio molto elevato di avere un secondo tumore al seno che talvolta scelgono di sottoporsi a una doppia mastectomia (l'asportazione di entrambi i seni).

Tipi di mastectomia:

Esistono diversi tipi di mastectomia, a seconda di come viene eseguito l'intervento e di quanto tessuto viene rimosso o estratto.

1. Mastectomia semplice:

In questa procedura chirurgica, il chirurgo rimuove l'intera mammella, coinvolgendo il capezzolo, l'areola, la fascia che ricopre il muscolo pettorale maggiore (il principale muscolo del torace) e la pelle.

A seconda delle condizioni e delle situazioni, può essere rimosso anche un piccolo numero di linfonodi ascellari nell'ambito di una biopsia del linfonodo sentinella. In genere, la maggior parte delle donne può essere dimessa dall'ospedale il giorno successivo se necessita di un ricovero.

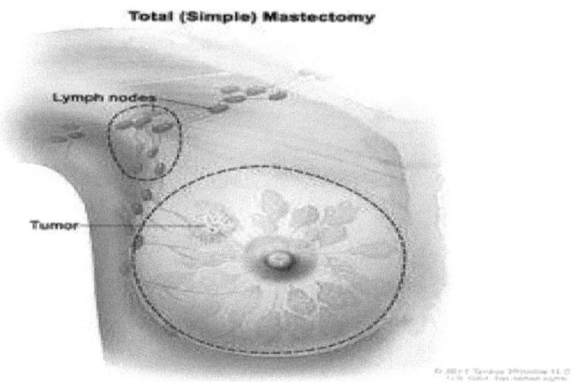

Figura n.20: Questa immagine mostra la mastectomia semplice.

2. Mastectomia radicale alterata:

La mastectomia radicale modificata, detta anche mastectomia radicale modificata, combina una mastectomia semplice con la rimozione o l'estrazione dei linfonodi sotto il braccio (chiamata dissezione linfonodale ascellare).

Questo tipo di mastectomia viene spesso eseguita come trattamento per il tumore al seno e prevede un'asportazione più consistente dei tessuti rispetto alla mastectomia semplice. Il termine "modificata" indica che, mentre il tessuto mammario viene asportato in misura significativa, i muscoli del torace vengono conservati, differenziandola da una mastectomia radicale in cui anche i muscoli del torace vengono asportati.

Illustrazione dell'incisione, del tessuto mammario e dei linfonodi da asportare e dell'aspetto postoperatorio:

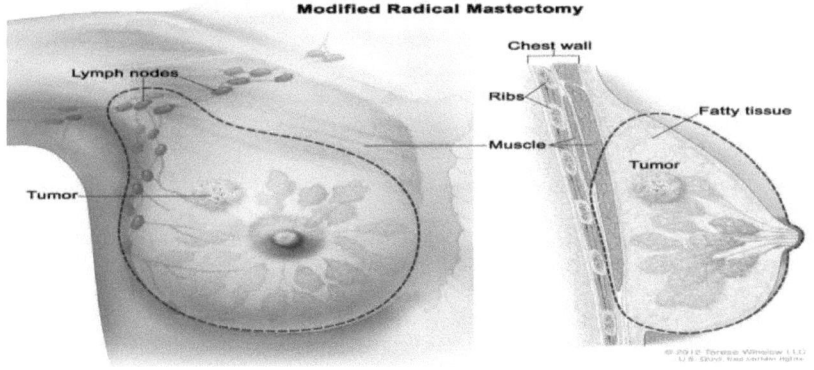

Figura n.21: Questa immagine mostra la mastectomia radicale modificata.

3. Mastectomia radicale:

Oggi questo intervento estensivo viene eseguito raramente. Il chirurgo rimuove o estrae l'intero seno, i linfonodi ascellari e i muscoli pettorali sotto il seno. Un tempo questo intervento era molto comune, ma si è scoperto che una chirurgia meno intensiva (come la mastectomia radicale modificata) è altrettanto efficace e con minori effetti collaterali. Questo intervento può essere eseguito se il tumore sta crescendo o si sta sviluppando nei muscoli pettorali.

3. Mastectomia con risparmio di cute:

Durante questo metodo, la maggior parte della pelle che ricopre il seno rimane intatta. Solo il tessuto mammario, il capezzolo e l'areola vengono asportati o isolati, con una quantità di tessuto mammario equivalente a quella di una mastectomia semplice. È possibile utilizzare contemporaneamente opzioni chirurgiche per la ricostruzione del seno, come protesi o tessuti provenienti da altre aree del corpo.

La mastectomia con risparmio cutaneo è apprezzata da diverse donne per i suoi vantaggi: tessuto cicatriziale ridotto al minimo e un seno ricostruito con un aspetto e una consistenza più naturali. Inoltre, potrebbe non essere appropriata e valida per i tumori più grandi o per quelli vicini alla superficie della pelle.

La probabilità di recidiva locale del cancro in seguito a questa mastectomia rispetto a quella di altri tipi di mastectomia.

Gli esperti raccomandano che le mastectomie skin-sparing siano eseguite da un gruppo di chirurghi mammari con molta esperienza in questo metodo.

4. Mastectomia con risparmio dei capezzoli:

La mastectomia con risparmio del capezzolo è simile alla mastectomia con risparmio della pelle, in quanto il tessuto mammario viene rimosso o estratto e la pelle del seno viene salvata. In questo metodo, però, il capezzolo e l'areola vengono lasciati al loro posto. In seguito, la ricostruzione del seno è un'opzione. Durante l'intervento, il chirurgo spesso rimuove o estrae il tessuto mammario sotto il capezzolo e l'areola per verificare la presenza di cellule tumorali. Se il cancro viene trovato in questi tessuti, il capezzolo e l'areola devono essere rimossi o estratti. Questa opzione di mastectomia è in genere considerata più frequentemente per le donne con tumori piccoli e in fase iniziale situati ad almeno 2 cm dal capezzolo e dall'areola, senza indicazioni di cancro nella pelle o nel capezzolo.

Come per gli altri interventi, anche questo metodo presenta dei rischi. Dopo l'intervento, il capezzolo può subire un apporto sanguigno inadeguato, con conseguente restringimento o deformazione dei tessuti, e una sensazione ridotta a causa della recisione dei nervi. Nei casi di seni più grandi, i capezzoli ricostruiti possono apparire incongrui.

Di conseguenza, molti medici sostengono questo intervento soprattutto per le donne con seni di dimensioni medio-piccole. Anche se le cicatrici sono meno visibili, c'è il rischio di tessuto mammario residuo, che potrebbe aumentare le probabilità di recidiva del cancro rispetto alle mastectomie skin-sparing o semplici. Tuttavia, i progressi della tecnica hanno ridotto questo rischio e i tassi di recidiva sono paragonabili a quelli di altri tipi di mastectomia.

La mastectomia con risparmio dei capezzoli è generalmente considerata un trattamento appropriato per il tumore al seno in casi selezionati. Come nel caso della mastectomia con risparmio di cute, si raccomanda che questo metodo venga eseguito da un'équipe di chirurghi mammari esperti in questa tecnica.

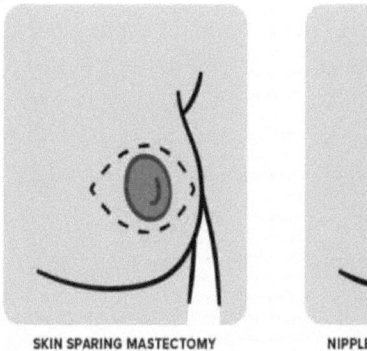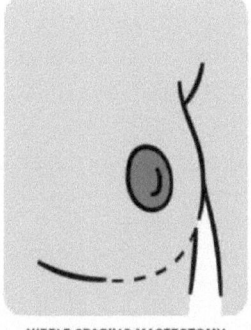

SKIN SPARING MASTECTOMY   NIPPLE SPARING MASTECTOMY

Figura n.22: Questa immagine mostra la mastectomia con risparmio di cute e capezzoli.

5. Doppia mastectomia:

Quando entrambi i seni vengono rimossi o estratti chirurgicamente, si parla di mastectomia doppia o bilaterale. Questo metodo viene talvolta utilizzato come misura preventiva per le donne con un rischio eccezionalmente elevato di sviluppare il tumore al seno, per esempio quelle con una mutazione del gene BRCA. La maggior parte di queste mastectomie prevede l'asportazione dell'intero tessuto mammario (mastectomia semplice), ma alcune possono conservare i capezzoli. In alcuni casi, anche una doppia mastectomia può far parte della strategia di trattamento del tumore al seno di una donna.

Questa procedura viene comunemente eseguita per numerosi motivi, tra cui:

- **Riduzione del rischio**:

Le donne con un rischio più elevato di sviluppare e crescere il cancro al seno, come quelle con una mutazione del gene BRCA, possono ricorrere a una doppia mastectomia per ridurre significativamente il rischio di sviluppare la malattia. Rimuovendo entrambi i seni, la probabilità che il cancro si sviluppi in una delle due mammelle diminuisce notevolmente.

- **Trattamento del cancro al seno:**

In alcuni casi, soprattutto quando il cancro è presente in entrambi i seni e quando il rischio di recidiva nel seno normale è più elevato, può essere suggerita una doppia mastectomia come parte del piano di trattamento. L'asportazione di entrambi i seni può contribuire a bloccare la diffusione o la recidiva del cancro al seno. Il trattamento del cancro al seno richiede l'attrezzatura necessaria per rimuovere o estrarre il seno colpito.

Prima di sottoporsi a una doppia mastectomia, le pazienti devono in genere sottoporsi a una consulenza approfondita e discutere con il proprio team sanitario o medico per comprendere i rischi, i vantaggi e i potenziali risultati del metodo. Le pazienti devono rivolgersi al proprio medico di famiglia per verificare i fattori di rischio, come la storia familiare o personale di cancro al seno. Anche il supporto psicologico e l'assistenza post-operatoria sono caratteristiche importanti della procedura di trattamento.

Nel complesso, la doppia mastectomia è una decisione chirurgica significativa e importante che richiede un'attenta considerazione, comprensione e pianificazione personalizzata per garantire alla paziente i migliori risultati possibili in termini di riduzione del rischio di cancro, trattamento e qualità di vita.

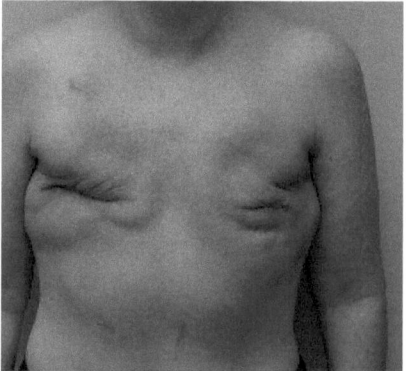

Figura n.23: Questa immagine mostra la doppia mastectomia.

Chemioterapia:

Utilizzo di farmaci speciali per ridurre o uccidere le cellule tumorali. I farmaci possono essere somministrati sotto forma di pillole o per via endovenosa, o talvolta entrambi. Di solito la chemioterapia viene somministrata in cicli di trattamento. Ciò significa che dopo aver assunto un farmaco per la chemioterapia, da solo o in combinazione, si fa una pausa per permettere al corpo di guarire. Ogni ciclo di trattamento varia a seconda del tipo di trattamento. Di solito, però, il ciclo di trattamento è ogni 2-4 settimane.

> **Prima dell'intervento:**

La chemioterapia somministrata prima dell'intervento chirurgico è chiamata terapia neoadiuvante. Il suo scopo è quello di ridurre al minimo le dimensioni del tumore prima dell'intervento chirurgico. Di conseguenza, alcune persone possono essere idonee a sottoporsi a un intervento di chirurgia conservativa del seno (nodulectomia) anziché a una mastectomia.

La chemioterapia può essere somministrata prima dell'intervento chirurgico se si è affetti da:

- un cancro sostanziale
- HER 2 positivo Aprire una voce di glossario cancro al seno
- triplo negativo Aprire una voce di glossario sul cancro al seno
- una malattia del seno nota come cancro infiammatorio del seno

> **Dopo l'intervento:**

La terapia adiuvante, detta anche chemioterapia dopo l'intervento chirurgico, è consigliata se si teme che le cellule tumorali si siano diffuse in altre parti del corpo. Il suo scopo è quello di ridurre le probabilità di recidiva del cancro. La chemioterapia dopo l'intervento chirurgico può essere consigliata per i seguenti motivi:

- Le cellule tumorali erano localizzate nei linfonodi
- I recettori ormonali sono assenti dalle cellule tumorali. Questo tipo di cancro al seno viene definito negativo ai recettori ormonali.
- Le cellule del tumore al seno sono di grado superiore (grado 3)
- Il vostro piccolo carcinoma mammario è positivo per HER2

> **Chemioterapia per il cancro al seno ricorrente:**

Il tumore al seno può potenzialmente metastatizzare, diffondendosi dalla sede originaria ad altre aree del corpo, portando a un tumore al seno secondario o avanzato.

La chemioterapia è utilizzata soprattutto nel trattamento del tumore al seno secondario. Il suo obiettivo è quello di gestire o ridurre le dimensioni del tumore e di alleviare i sintomi correlati. In molti casi, il trattamento può controllare efficacemente la crescita delle cellule tumorali per periodi prolungati, da mesi ad anni.

Nel trattamento del tumore al seno vengono impiegati diversi farmaci chemioterapici. In particolare, viene somministrata una combinazione di due o tre farmaci, sebbene siano possibili anche regimi a singolo farmaco.

➢ **Farmaci chemioterapici**:

La scelta dei farmaci è determinata da vari fattori, tra cui il rischio di recidiva del cancro e la presenza di altre condizioni mediche, come i problemi cardiaci.

Alcuni esempi di farmaci chemioterapici che potreste aver incluso:

- paclitaxel
- docetaxel
- epirubicina
- carboplatino
- capecitabina
- eribulina
- ciclofosfamide (EC) ed epirubicina
- Docetexel e ciclofosfamide (AC)
- Doxorubicina e ciclofosfamide (TC)

Questo non è un elenco esaustivo di tutti i farmaci utilizzati nella chemioterapia per il trattamento del tumore al seno. Potete verificare il nome del vostro regime con il medico o l'infermiere, quindi consultare la nostra lista di farmaci antitumorali dalla A alla Z.

Come si svolge la chemioterapia?

La maggior parte dei farmaci chemioterapici per il cancro al seno viene somministrata per via endovenosa, direttamente nel flusso sanguigno attraverso una flebo. Alcuni farmaci possono essere disponibili anche sotto forma di compresse da ingerire per via orale.

➢ **Penetrare nel sistema vascolare**:

Il trattamento viene in genere somministrato tramite un tubo sottile e corto, chiamato cannula, inserito in una vena del braccio durante ogni seduta. In alternativa, può essere utilizzato un lungo tubo di plastica, come una linea centrale, una linea PICC o un portacath, che somministra il farmaco in una grossa vena del torace. Questi tubi rimangono in posizione per tutta la durata del regime di trattamento.

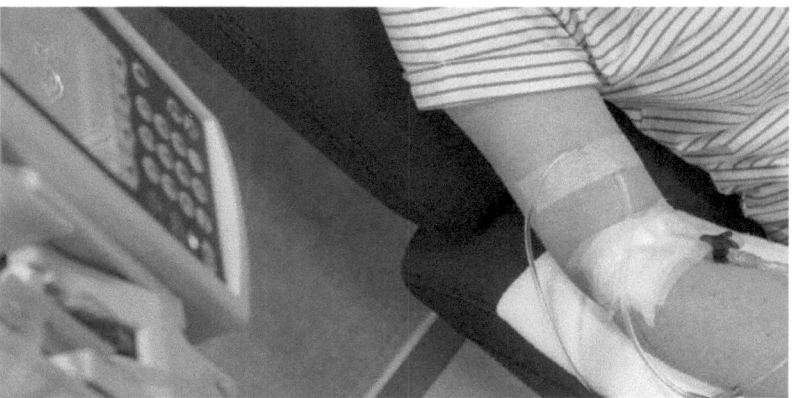

Figura n.24: Questa immagine mostra il metodo di chemioterapia.

➢ **Assunzione delle compresse:**

Seguire le istruzioni fornite dal medico o dal farmacista per l'assunzione delle compresse. L'assunzione a stomaco pieno o vuoto può influire sull'assorbimento del farmaco nel sangue. Rispettare sempre il dosaggio prescritto, né più né meno. È fondamentale non sospendere i farmaci antitumorali senza aver prima consultato il proprio specialista.

➢ **Effetti collaterali della chemioterapia:**

I farmaci chemioterapici possono causare effetti collaterali e dipendono dal tipo e dalla dose di farmaci somministrati e dalla durata del trattamento. Tra gli effetti avversi più frequenti che possono verificarsi vi sono:

- Assottigliamento dei capelli
- Alterazioni delle unghie
- Mal di bocca
- Perdita di appetito o variazioni di peso

- Nausea e vomito
- Diarrea
- Stanchezza
- Vampate di calore e/o secchezza vaginale da menopausa causate dalla chemioterapia
- Danni ai nervi
- La chemio può anche colpire le cellule del midollo osseo che formano il sangue.
- Aumento delle probabilità di infezioni (a causa del basso numero di globuli bianchi)
- Ematomi o emorragie facili (a causa di un basso numero di piastrine nel sangue)

Terapia ormonale:

La terapia ormonale, detta anche terapia ormonale o endocrina, agisce per inibire o ridurre la crescita dei tumori sensibili agli ormoni impedendo la produzione ormonale dell'organismo o interrompendo gli effetti degli ormoni sulle cellule del cancro al seno. Questo trattamento viene somministrato soprattutto dopo l'intervento chirurgico.

➢ **Dopo l'intervento:**

La terapia ormonale viene solitamente prescritta per il tumore al seno dopo l'intervento chirurgico, chiamato trattamento adiuvante. L'obiettivo della terapia ormonale è quello di ridurre il rischio di recidiva del cancro.

Se la chemioterapia segue l'intervento chirurgico, la terapia ormonale inizia in genere dopo il completamento della chemioterapia. Per i pazienti sottoposti a radioterapia dopo l'intervento chirurgico, la terapia ormonale può spesso essere iniziata in concomitanza o rinviata fino al completamento della radioterapia.

La terapia ormonale dipende da:

- Il tipo di farmaci.
- Effetti collaterali dei farmaci.
- Condizioni personali simili alla menopausa.

➢ **Prima dell'intervento:**

Terapia neoadiuvante, somministrata prima dell'intervento chirurgico. L'obiettivo è ridurre le dimensioni di un tumore di grandi dimensioni. Questo approccio può consentire un intervento meno esteso, ad esempio l'asportazione del solo tumore (lumpectomia) anziché dell'intero seno (mastectomia).

Controlli regolari con il medico durante la terapia ormonale neoadiuvante monitorano la risposta e la riduzione delle dimensioni del tumore.

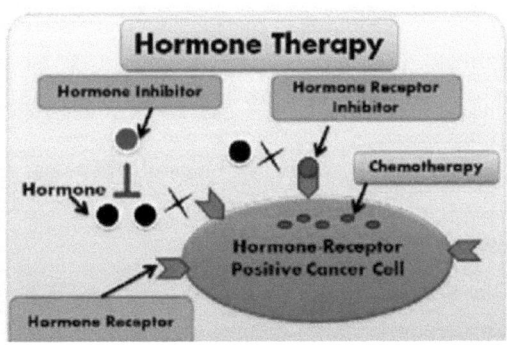

Figura n.25: Questa immagine mostra la terapia ormonale.

Terapia biologica:

La terapia biologica, detta anche terapia mirata, sfrutta il sistema immunitario dell'organismo per combattere il cancro. Questo approccio utilizza farmaci e sostanze, prodotti naturalmente dall'organismo o sintetizzati in laboratorio, per attivare il sistema immunitario e combattere le cellule cancerose.

L'obiettivo è quello di indirizzare e determinare molecole specifiche sulle cellule o nell'ambiente che contribuiscono al loro comportamento canceroso. In questo modo, l'organismo può riconoscere ed eliminare le cellule anomale prima che si diffondano in altre parti del corpo.

Tipi di terapie biologiche per il cancro al seno:

I seguenti sono tipi di terapie biologiche:

> **Anticorpi monoclonali:**

45

Gli anticorpi monoclonali (mAbs) sono anticorpi sintetici utilizzati per colpire e attaccare molecole specifiche, chiamate antigeni, situate sulla superficie delle cellule del cancro al seno. Possono essere impiegati indipendentemente o insieme ai farmaci chemioterapici per favorire l'eliminazione delle cellule cancerose.

Gli esempi includono:

- Trastuzumab (Herceptin): Questo mAb ha come bersaglio la proteina HER2 nel carcinoma mammario in fase iniziale e avanzata.
- Pertuzumab (Perjeta): Anche questo mAb ha come bersaglio la proteina HER2 nel carcinoma mammario in fase iniziale e avanzata.

- Margetuximab (Margenza): Questo mAb ha come bersaglio la proteina HER2 nel carcinoma mammario in fase avanzata.

➢ **Coniugati anticorpo-farmaco:**

I coniugati anticorpo-farmaco utilizzano anticorpi monoclonali per fissare i farmaci chemioterapici alle cellule tumorali, rendendo più precisa la somministrazione della terapia. Questo approccio mirato può ridurre gli effetti collaterali riducendo il dosaggio di farmaco necessario per il trattamento. I coniugati sono associati a particolari farmaci chemioterapici.

Gli esempi includono:

- Ado-trastuzumab emtansine (Kadcyla): Questo coniugato anticorpo-farmaco è legato al farmaco chemioterapico emtansina per colpire la proteina HER2 nel carcinoma mammario in fase iniziale e avanzata.

➢ **Inibitori della PARP:**

Gli inibitori di PARP sono farmaci che inibiscono la funzione degli enzimi PARP, decisivi per la riparazione del DNA danneggiato nelle cellule tumorali. Questa interferenza può impedire la sopravvivenza delle cellule tumorali in seguito a chemioterapia o radioterapia. Inibendo questi enzimi, le cellule tumorali diventano più sensibili al trattamento, rendendole più reattive alla distruzione.

Gli esempi includono:

- Olaparib (Lynparza): Questo inibitore di PARP è usato per trattare il cancro al seno HER2-negativo in fase iniziale e avanzata con una mutazione BRCA ereditaria.
- Talazoparib (Talzenna): Questo inibitore di PARP è usato per trattare il tumore al seno HER2-negativo con mutazione BRCA.

➢ **Inibitori della chinasi:**

Gli inibitori delle chinasi sono farmaci che mirano a inibire o ostacolare una specifica classe di enzimi chiamati chinasi, che svolgono un ruolo fondamentale nel controllo della proliferazione e della diffusione delle cellule tumorali. Ostacolando questi enzimi, è possibile rallentare o arrestare la crescita e lo sviluppo delle cellule tumorali.

Gli esempi includono:

- Neratinib (Nerlynx): Questo farmaco orale è riservato alle persone con tumore al seno HER2-positivo in fase iniziale che hanno assunto il farmaco trastuzumab per un anno.

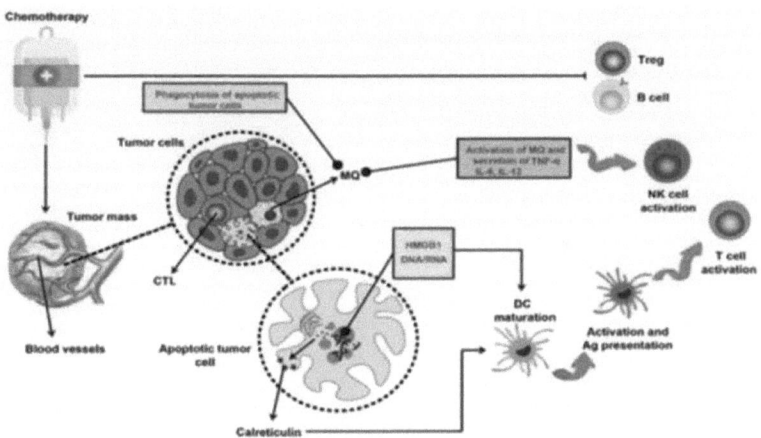

Figura n.26: Questa immagine mostra il metodo biologico.

Radioterapia:

La radioterapia per il cancro al seno è un trattamento localizzato che utilizza raggi X ad alta energia o altri tipi di radiazioni per colpire e distruggere le cellule tumorali. In genere viene impiegata dopo l'intervento chirurgico, sia esso una nodulectomia (chirurgia conservativa del seno) o una mastectomia, per eliminare eventuali cellule tumorali residue nell'area del seno o nei linfonodi circostanti. Di seguito sono riportati i punti importanti della radioterapia:

1. Pianificazione:

Prima di iniziare la radioterapia, il paziente viene sottoposto a una sessione di pianificazione e a una discussione, in cui vengono utilizzate tecniche di imaging come la TAC per tracciare con precisione l'area di trattamento.

Gli oncologi radioterapisti lavorano a stretto contatto con fisici medici e dosimetristi per sviluppare un piano di trattamento personalizzato per eliminare le cellule cancerose.

2. Tipi di radioterapia:

> **Radiazione a fascio esterno:** È il tipo di radiazione più comune, in cui una macchina esterna al corpo eroga le radiazioni all'area del seno interessata.
> **Radiazione interna (brachiterapia):** in alcuni casi, gli impianti radioattivi vengono inseriti direttamente nel tessuto mammario vicino alla sede del tumore. Questo approccio è meno comune, ma può essere adatto a pazienti selezionate.

3. Consegna del trattamento:

La radioterapia viene in genere somministrata in sessioni giornaliere per diverse settimane. La durata totale del trattamento varia a seconda di fattori quali lo stadio del cancro, le dimensioni del tumore e lo stato di salute generale.

Ogni sessione di radiazioni è rapida, di solito dura solo pochi minuti, ed è indolore.

I pazienti possono avere bisogno di sdraiarsi su un lettino di trattamento in una posizione specifica per garantire un'accurata destinazione dei fasci di radiazioni.

4. Effetti collaterali:

Gli effetti collaterali della radioterapia per il tumore al seno possono comprendere:

- Irritazione della pelle
- Arrossamento dell'area trattata
- Stanchezza
- Cambiamenti temporanei nell'aspetto del seno.

La maggior parte degli effetti collaterali è temporanea e si risolve al termine del trattamento.

5. Monitoraggio e follow-up:

I pazienti vengono monitorati attentamente per tutta la durata della radioterapia per gestire gli effetti collaterali e garantire l'efficacia del trattamento.

Dopo aver completato la radioterapia, i pazienti si sottopongono a regolari visite di controllo con il proprio oncologo per monitorare eventuali segni di recidiva del cancro o effetti collaterali a lungo termine.

6. Efficacia:

La radioterapia ha ridotto significativamente il rischio di recidiva del cancro nell'area mammaria trattata e nei linfonodi adiacenti.

Svolge un ruolo fondamentale nel migliorare i tassi di sopravvivenza complessiva delle pazienti affette da tumore al seno, soprattutto se associato ad altri trattamenti come la chirurgia e la chemioterapia.

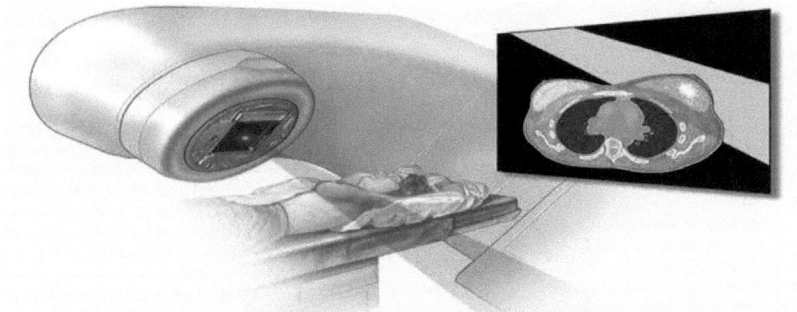

Figura n.26. Questa Immagine mostra il metodo delle **radiazioni.**

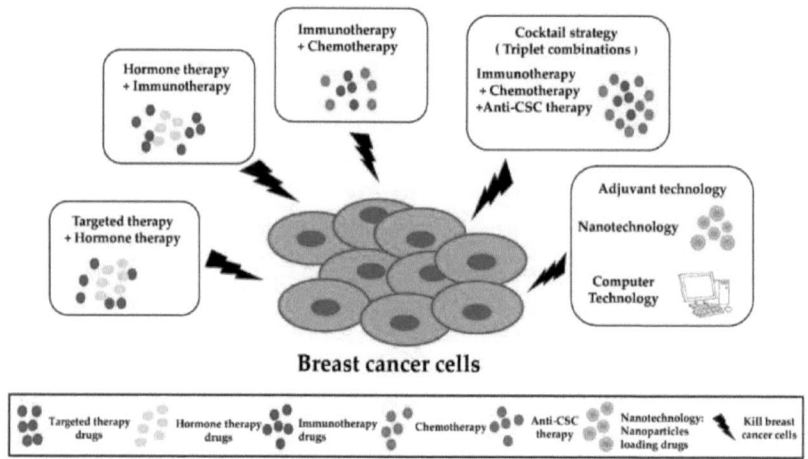

Figura n.27: Questa immagine mostra i metodi di trattamento del cancro al seno.

Prevenzione del cancro al seno

Di seguito sono riportate le varie misure preventive per il cancro al seno:

1. Screening regolare:

Gli operatori sanitari raccomandano di sottoporsi regolarmente a mammografie, per lo più a partire dall'età di 40 anni o prima, in presenza di una storia familiare di cancro al seno.

2. Dieta sana e gestione del peso:

La prevenzione più essenziale consiste nel mantenere una dieta equilibrata, ricca di frutta, verdura, cereali e proteine.

Evitate di mangiare cibi elaborati, carni rosse e di consumare bevande zuccherate. Fare attività fisica quotidianamente per aumentare il peso e per una vita sana.

3. Attività fisica:

Per una migliore salute e per ridurre il rischio di cancro al seno è necessario svolgere attività fisiche quotidiane come il ciclismo. L'esercizio fisico quotidiano aiuta a ridurre il rischio di cancro al seno regolando i livelli ormonali e promuovendo e migliorando la salute generale.

4. Limitare il consumo di alcol:

Bisogna anche evitare di consumare alcolici; il motivo è che gli alcolici aumentano il rischio di cancro al seno e sono pericolosi per la salute.

5. Evitare il tabacco e il fumo passivo:

Il tabacco è molto pericoloso per la salute perché provoca il cancro, compreso quello al seno, quindi evitate di fumare.

6. Allattamento al seno:

L'allattamento al seno è più indicato per i bambini, quindi è bene che i bambini siano allattati solo al seno.

L'allattamento al seno è anche associato alla riduzione del rischio di sviluppare un tumore al seno e alla protezione del bambino.

7. Terapia ormonale sostitutiva (TOS):

La terapia ormonale sostitutiva è il metodo più significativo per ridurre la malattia del cancro al seno. Questo tipo di terapia viene utilizzato solo quando si hanno i sintomi della menopausa o quando questa terapia è necessaria per la malattia. Questa terapia riduce al minimo il rischio di cancro al seno; la sua durata deve essere bassa per controllare questo tumore. Informatevi presso il vostro medico di famiglia.

8. Consulenza e test genetici:

Se si ha un'anamnesi personale o familiare, è necessario rivolgersi al proprio medico di famiglia per verificare l'eventuale rischio di questa malattia, in modo che un trattamento tempestivo protegga da questo tipo di tumore al seno.

9. Farmaci:

Fondamentalmente, ogni donna ad alto rischio di cancro al seno, necessita di assistenza sanitaria che può suggerire farmaci: ad esempio, modulatori selettivi del recettore degli estrogeni (SERM) o inibitori dell'aromatasi per ridurre al minimo il rischio di sviluppare la malattia.

10. Fattori ambientali e professionali:

Ridurre l'esposizione alle tossine e agli inquinanti ambientali, quando possibile, e adottare le necessarie precauzioni e misure preventive negli ambienti di lavoro in cui può verificarsi un'esposizione a sostanze chimiche. Incorporando tutte queste misure preventive nel vostro stile di vita e nella vostra routine e rivolgendovi a professionisti della salute, potrete ridurre al minimo il rischio di sviluppare il cancro al seno e migliorare la vostra salute generale.

Prospettive future del cancro al seno

Il futuro del tumore al seno si trova in un approccio multiforme che comprende i progressi nella diagnosi iniziale, la medicina personalizzata, le terapie mirate, l'immunoterapia, le modalità di trattamento emergenti, l'assistenza alla sopravvivenza e l'equità sanitaria. Nella ricerca e nell'innovazione di processo, tecnologie di screening migliorate e potenziate, come l'imaging molecolare e i biomarcatori ematici. Queste possono consentire la diagnosi iniziale delle lesioni del cancro al seno.

Approcci medici accurati, che sfruttano il profilo genomico e molecolare, consentiranno di identificare le mutazioni bersaglio e di sviluppare nuove terapie mirate con una maggiore efficacia e una tossicità ridotta o minimizzata. L'immunoterapia promette di essere una modalità di trattamento trasformativa, mentre gli approcci emergenti come i virus oncolitici e i sistemi di somministrazione di farmaci basati su nanoparticelle offrono nuove strade per il trattamento del tumore al seno.

Solo l'attenzione alle cure di sopravvivenza e alle iniziative di equità sanitaria ottimizzerà ulteriormente i risultati a lungo termine e la qualità di vita delle pazienti e delle sopravvissute al cancro al seno, garantendo un accesso equo alle cure e ai servizi di supporto per tutte le persone colpite dalla malattia.

RIFERIMENTI:

1-**Byrnes** GB, Southey MC, Hopper JL. I cosiddetti geni del cancro al seno a bassa penetranza, ATM, BRIP1, PALB2 e CHEK2, sono ad alto rischio per le donne con una forte storia familiare? Breast Cancer Res. 2008; 10(3):208.

2-**Dillon** DA, Guidi AJ, Schnitt SJ. Cap. 25: Patologia del carcinoma mammario invasivo. In: HarrisJR, Lippman ME, Morrow M, Osborne CK, eds. Malattie della mammella. 5a ed. Philadelphia, Pa: Lippincott-Williams & Wilkins; 2014.

3-Istituto **nazionale** del cancro. Physician Data Query (PDQ). Trattamento del cancro al seno - Versione per i pazienti. 2021. Accesso a https://www.cancer.gov/types/breast/patient/breasttreatment-pdq il 24 giugno 2021.

4-**National** Comprehensive Cancer Network (NCCN). Valutazione dell'alto rischio genetico/familiare: Seno, ovaie e pancreas. Versione 1.2022 - 11 agosto 2021.Accesso a https://www.nccn.org/professionals/physician_gls/pdf/genetics_bop.pdf il 17 settembre 2021.

5-**Henry** NL, Shah PD, Haider I, Freer PE, Jagsi R, Sabel MS. Capitolo 88: Cancro della mammella. In: Niederhuber JE, Armitage JO, Doroshow JH, Kastan MB, Tepper JE, eds. Oncologia clinica di Abeloff. 6a ed. Philadelphia, Pa: Elsevier; 2020.

6-Jagsi R, King TA, Lehman C, Morrow M, Harris JR, Burstein HJ. Capitolo 79: Tumori maligni della mammella. In: DeVita VT, Lawrence TS, Rosenberg SA, eds.DeVita, Hellman, and Rosenberg's Cancer: Principles and Practice of Oncology. 11a edizione. Philadelphia, Pa: Lippincott Williams & Wilkins; 2019.

7-Istituto **nazionale** del cancro. Physician Data Query (PDQ). Trattamento del cancro al seno - Versione per il paziente. 2021. Accesso a https://www.cancer.gov/types/breast/patient/breasttreatment-pdq il 24 giugno 2021.

8-Berger AH e Pandolfi PP. Capitolo 5: Sindromi di suscettibilità al cancro. In: DeVita VT, Lawrence TS, Rosenberg SA, eds. DeVita, Hellman e

Rosenberg's Cancer: Principles and Practice of Oncology. 11a ed. Philadelphia, Pa: Lippincott Williams & Wilkins; 2019.

9-Byrnes GB, Southey MC, Hopper JL. I cosiddetti geni del cancro al seno a bassa penetranza, ATM, BRIP1, PALB2 e CHEK2, sono ad alto rischio per le donne con una forte storia familiare? Breast Cancer Res. 2008; 10(3):208.

10-National Comprehensive Cancer Network (NCCN). Valutazione dell'alto rischio genetico/familiare: Seno, ovaie e pancreas. Versione 1.2022 - 11 agosto 2021.Accesso a https://www.nccn.org/professionals/physician_gls/pdf/genetics_bop.pdf il 17 settembre 2021.

11-Walsh MF, Cadoo K, Salo-Mullen EE, Dubard-Gault M, Stadler ZK e Offit K. Capitolo 13: Fattori genetici - Sindromi ereditarie di predisposizione al cancro. In: Niederhuber JE, Armitage JO, Doroshow JH, Kastan MB, Tepper JE, eds. Oncologia clinica di Abeloff. 6a ed. Philadelphia, Pa: Elsevier; 2020.

12-Corben AD e Brogi E. Capitolo 21: Carcinoma duttale in situ e altre lesioni intraduttali: Patologia, immunoistochimica e alterazioni molecolari. In: Harris JR, Lippman ME, Morrow M, Osborne CK, eds. Malattie della mammella. 5a ed. Philadelphia, Pa: Lippincott-Williams & Wilkins; 2014.

13-Henry NL, Shah PD, Haider I, Freer PE, Jagsi R, Sabel MS. Capitolo 88: Cancro della mammella. In: Niederhuber JE, Armitage JO, Doroshow JH, Kastan MB, Tepper JE, eds. Oncologia clinica di Abeloff. 6a ed. Philadelphia, Pa: Elsevier; 2020.

14-Jagsi R, King TA, Lehman C, Morrow M, Harris JR, Burstein HJ. Capitolo 79: Tumori maligni della mammella. In: DeVita VT, Lawrence TS, Rosenberg SA, eds. Cancer di DeVita, Hellman e Rosenberg: Principles and Practice of Oncology. 11th ed. Philadelphia, Pa: Lippincott Williams & Wilkins; 2019.

15-Istituto **nazionale** del cancro. Physician Data Query (PDQ). Trattamento del cancro al seno - Versione per gli operatori sanitari. 2021. Accesso a http://www.cancer.gov/types/breast/hp/breast-treatment-pdq il 30 agosto 2021.

16-National Comprehensive Cancer Network (NCCN). Linee guida di pratica in oncologia del cancro al seno. Versione 7.2021. Acceduto a https://www.nccn.org/professionals/physician_gls/pdf/breast.pdf il 30 agosto 2021.

17-Arpino G, Caratteristiche del quadro tumorale del carcinoma lobulare infiltrante della mammella ed esito clinico. Breast Cancer Research. 2004; 6: 149.

18-Dillon DA, Guidi AJ, Schnitt SJ. Cap. 25: Patologia del carcinoma mammario invasivo. In: Harris JR, Lippman ME, Morrow M, Osborne CK, eds. Malattie della mammella. 5a ed. Philadelphia, Pa: Lippincott-Williams & Wilkins; 2014.

19-Henry NL, Shah PD, Haider I, Freer PE, Jagsi R, Sabel MS. Capitolo 88: Cancro della mammella. In: Niederhuber JE, Armitage JO, Doroshow JH, Kastan MB, Tepper JE, eds. Oncologia clinica di Abeloff. 6a ed. Philadelphia, Pa: Elsevier; 2020.

20-Huober J, Gelber S, Goldhirsch A, et al. Prognosi del carcinoma mammario midollare: analisi di 13 studi dell'International Breast Cancer Study Group (IBCSG). Ann Oncol. 2012; 23(11):2843-2851.

21-Jagsi R, King TA, Lehman C, Morrow M, Harris JR, Burstein HJ. Capitolo 79: Tumori maligni della mammella. In: DeVita VT, Lawrence TS, Rosenberg SA, eds. Cancer di DeVita, Hellman e Rosenberg: Principles and Practice of Oncology. 11th ed. Philadelphia, Pa: Lippincott Williams & Wilkins; 2019.

22-AJCC (American Joint Committee on Cancer) Cancer Staging Manual; 8a edizione, 3a stampa, Amin MB, Edge SB, Greene FL, et al (Eds), Springer, Chicago 2018.

23-Giuliano AE, Connolly JL, Edge SB, et al. Breast Cancer-Major changes in the American Joint Committee on Cancer eighth edition cancer staging manual. CA Cancer J Clin. 2017; 67(4):290-303.

24- Erbas B, Provenzano E, Armes J, Gertig D. La storia naturale del carcinoma duttale in situ della mammella: una revisione. Breast Cancer Res Treat. 2006; 97(2):135-144.

25- Sanders ME, Schuyler PA, Simpson JF, Page DL, Dupont WD. L'osservazione continua della storia naturale del carcinoma duttale in situ di basso grado riafferma la proclività alla recidiva locale anche dopo oltre 30 anni di follow-up. Mod Pathol. 2015; 28(5):662-669.

26- Collins LC, Tamimi RM, Baer HJ, Connolly JL, Colditz GA, Schnitt SJ. Esito delle pazienti con carcinoma duttale in situ non trattate dopo biopsia diagnostica: risultati del Nurses' Health Study. Cancer. 2005; 103(9):1778-1784.

27- Punglia RS, Bifolck K, Golshan M, et al. Epidemiologia, biologia, trattamento e prevenzione del carcinoma duttale in situ (DCIS). JNCI Cancer Spectr. 2018; 2(4):pky063.

28- Visser LL, Groen EJ, van Leeuwen FE, Lips EH, Schmidt MK, Wesseling J. Predictors of an Invasive Breast Cancer Recurrence after DCIS: A Systematic Review and Meta-analyses. Cancer Epidemiol Biomarkers Prev. 2019; 28(5):835-845.

29-SEER*Stat Banche dati: NAACCR Incidence Data - CiNA Analytic File, 1995-2016, per l'origine NHIAv2 e per le razze espanse, Custom File With County, ACS Facts and Figures projection Project (che include i dati del National Program of Cancer Registries (NPCR) del CDC, dei registri provinciali e territoriali del CCCR, e dai registri di sorveglianza, epidemiologia e risultati finali (SEER) dell'NCI), certificati dall'Associazione nordamericana dei registri centrali del cancro (NAACCR) come conformi agli standard di alta qualità dei dati di incidenza per i periodi di tempo specificati, presentati a dicembre 2018.

30- Dieci MV, Orvieto E, Dominici M, Conte P, Guarneri V. Sottotipi rari di cancro al seno: peculiarità istologiche, molecolari e cliniche. Oncologo. 2014; 19(8):805-813.

31- Cheang MC, Martin M, Nielsen TO, et al. Definizione dei sottotipi intrinseci di cancro al seno mediante l'espressione quantitativa dei recettori. Oncologo. 2015; 20(5):474-482.

32- Howlader N, Cronin KA, Kurian AW, Andridge R. Differenze nella sopravvivenza del cancro al seno per sottotipi molecolari negli Stati Uniti. Cancer Epidemiol Biomarkers Prev. 2018; 28:28.

33- Parise CA, Caggiano V. Rischio di mortalità dei sottotipi di carcinoma mammario ER/PR/ HER2 nodo-negativi nei tumori T1, T2 e T3. Breast Cancer Res Treat. 2017; 165(3):743-750.

34- Prat A, Adamo B, Cheang MC, Anders CK, Carey LA, Perou CM. Caratterizzazione molecolare del carcinoma mammario triplenegativo basal-like e non basal-like. Oncologo. 2013; 18(2):123-133.

35- Plevritis SK, Munoz D, Kurian AW, et al. Association of Screening and Treatment With Breast Cancer Mortality by Molecular Subtype in US Women, 2000-2012. JAMA. 2018; 319(2):154-164.

36- Costa RLB, Gradishar WJ. Cancro al seno triplo negativo: Current Practice and Future Directions. J Oncol Pract. 2017; 13(5):301-303. 16. Sharma P. Biologia e gestione delle pazienti con cancro al seno triplo negativo. Oncologist. 2016; 21(9):1050-1062.

37- Wolff AC, Tung NM, Carey LA. Implicazioni della terapia neoadiuvante nel carcinoma mammario positivo al recettore 2 del fattore di crescita epidermico umano. J Clin Oncol. 2019;3.

38- Miller KD, Siegel RL, Lin CC, et al. Statistiche sul trattamento del cancro e sulla sopravvivenza, 2019. CA Cancer J Clin. 2019:1-23.

39- Mariotto AB, Etzioni R, Hurlbert M, Penberthy L, Mayer M. Estimation of the Number of Women Living with Metastatic Breast Cancer in the United States. Cancer Epidemiol Biomarkers Prev. 2017; 26(6):809-815.

40- Howlader N, Noone AM, Krapcho M, et al., eds. Rassegna delle statistiche sul cancro del SEER, 1975-2016. Bethesda, MD: National Cancer Institute; 2019. Disponibile su seer.cancer.gov/csr/1975_2016/, sulla base dei dati SEER di novembre 2018, pubblicati sul sito web SEER ad aprile 2019.

41- Breen N, Gentleman JF, Schiller JS. Aggiornamento sulle tendenze della mammografia: confronto dei tassi nel 2000, 2005 e 2008. Cancer. 2011; 117: 2209-2218.

42- Ravdin PM, Cronin KA, Howlader N, et al. La diminuzione dell'incidenza del cancro al seno nel 2003 negli Stati Uniti. N Engl J Med. 2007; 356(16):1670-1674.

43-Coombs NJ, Cronin KA, Taylor RJ, Freedman AN, Boyages J. L'impatto dei cambiamenti nella terapia ormonale sull'incidenza del cancro al seno nella popolazione statunitense. Cancer Causes Control. 2010; 21(1):83-90.

44- DeSantis C, Howlader N, Cronin KA, Jemal A. I tassi di incidenza del cancro al seno nelle donne statunitensi non sono più in calo. Cancer Epidemiol Biomarkers Prev. 2011; 20(5):733-739.

45- Pfeiffer RM, Webb-Vargas Y, Wheeler W, Gail MH. Proportion of U.S. Trends in Breast Cancer Incidence Attributable to Long-term Changes in Risk Factor Distributions. Cancer Epidemiol Biomarkers Prev. 2018; 1:1.

46- Morrow M, Schnitt SJ, Norton L. Attuale gestione delle lesioni associate a un aumentato rischio di cancro al seno. Nature Rev Clin Oncol. 2015; 12(4):227-238.

47- Manson JE, Chlebowski RT, Stefanick ML, et al. Terapia ormonale in menopausa ed esiti di salute durante le fasi di intervento e di prolungata interruzione degli studi randomizzati della Women's Health Initiative. JAMA. 2013;310(13):1353-1368.

48- Stout NK, Cronin AM, Uno H, et al. Stato dei recettori per gli estrogeni e rischio di cancro al seno controlaterale dopo DCIS. Breast Cancer Res Treat. 2018;171(3):777-781.

49- Wong SM, King T, Boileau JF, Barry WT, Golshan M. PopulationBased Analysis of Breast Cancer Incidence and Survival Outcomes in Women Diagnosed with Lobular Carcinoma In Situ. Ann Surg Oncol. 2017; 24(9):2509-2517.

50- Masannat YA, Husain E, Roylance R, et al. LCIS pleomorfo, cosa sappiamo? Un audit multicentrico del Regno Unito sul carcinoma lobulare in situ pleomorfo. Breast. 2018; 38:120-124.

51- Dyrstad SW, Yan Y, Fowler AM, Colditz GA. Rischio di cancro al seno associato a patologie mammarie benigne: revisione sistematica e metaanalisi. Breast Cancer Res Treat. 2015; 149(3):569-575.

52- Hartmann LC, Degnim AC, Santen RJ, Dupont WD, Ghosh K. Atypical hyperplasia of the breast - risk assessment and management options. N Engl J Med. 2015; 372(1):78-89.

53- Mazzola E, Coopey SB, Griffin M, et al. Rivalutazione dei modelli di rischio per l'iperplasia atipica: l'età potrebbe non essere importante. Breast Cancer Res Treat. 2017; 165(2):285-291.

54- Bertrand KA, Tamimi RM, Scott CG, et al. Densità mammografica e rischio di cancro al seno per età e caratteristiche del tumore. Breast Cancer Res. 2013; 15(6):R104.

55-Boyd NF, Guo H, Martin LJ, et al. La densità mammografica e il rischio e la rilevazione del cancro al seno. N Engl J Med. 2007; 356(3):227-236.

56- Sprague BL, Gangnon RE, Burt V, et al. Prevalenza di seni mammograficamente densi negli Stati Uniti. J Natl Cancer Inst. 2014; 106(10).

57- Huo CW, Chew GL, Britt KL, et al. Mammographic density-a review on the current understanding of its association with breast cancer. Breast Cancer Res Treat. 2014; 144(3):479-502.

58- Gruppo collaborativo sui fattori ormonali nel cancro al seno. Cancro al seno e allattamento al seno: rianalisi collaborativa dei dati individuali di 47 studi epidemiologici in 30 Paesi, comprendenti 50302 donne con cancro al seno e 96973 donne senza la malattia. Lancet. 2002; 360(9328):187-195.

59-Ma H, Ursin G, Xu X, et al. Fattori riproduttivi e rischio di cancro al seno triplo negativo nelle donne bianche e nelle donne afroamericane: un'analisi in pool. Breast Cancer Res. 2017; 19(1):6.

60- Faupel-Badger JM, Arcaro KF, Balkam JJ, et al. Rimodellamento post-partum, allattamento e rischio di cancro al seno: sintesi di un workshop sponsorizzato dal National Cancer Institute. J Natl Cancer Inst. 2013; 105(3):166-174.

61- Islami F, Liu Y, Jemal A, et al. Breastfeeding and breast cancer risk by receptor status - a systematic review and meta-analysis. Ann Oncol. 2015; 26(12):2398-2407.

62- Morch LS, Skovlund CW, Hannaford PC, Iversen L, Fielding S, Lidegaard O. Contemporary Hormonal Contraception and the Risk of Breast Cancer. N Engl J Med. 2017; 377(23):2228-2239.

63- Bassuk SS, Manson JE. Contraccettivi orali e terapia ormonale in menopausa: rischi relativi e attribuibili di malattie cardiovascolari, cancro e altri esiti sanitari. Ann Epidemiol. 2015; 25(3):193-200.

64-Westhoff CL, Pike MC. Contraccezione ormonale e cancro al seno. Am J Obstet Gynecol. 2018; 219(2):169.e161-169.e164.

65- Ellingjord-Dale M, Vos L, Tretli S, Hofvind S, Dos-Santos-Silva I, Ursin G. Parità, ormoni e sottotipi di cancro al seno - risultati di un ampio studio caso-controllo nidificato in un programma di screening nazionale. Breast Cancer Res. 2017; 19(1):10.

66- Soini T, Hurskainen R, Grenman S, Maenpaa J, Paavonen J, Pukkala E. Rischio di cancro nelle donne che utilizzano il sistema intrauterino a rilascio di levonorgestrel in Finlandia. Obstet Gynecol. 2014; 124(2 Pt 1):292- 299.

67-Dinger J, Bardenheuer K, Minh TD. Dispositivi intrauterini a rilascio di levonorgestrel e rame e rischio di cancro al seno. Contraccezione. 2011;83(3):211-217.

68- Li CI, Beaber EF, Tang MT, Porter PL, Daling JR, Malone KE. Effetto del depo-medrossiprogesterone acetato sul rischio di cancro al seno tra le donne di età compresa tra 20 e 44 anni. Cancer Res. 2012; 72(8):2028-2035.

69- Li K, Anderson G, Viallon V, et al. Previsione del rischio di tumori al seno specifici per il recettore degli estrogeni in due grandi coorti prospettiche. Breast Cancer Res. 2018; 20(1):147.

70- Chlebowski RT, Manson JE, Anderson GL, et al. Estrogeni più progestinici e incidenza e mortalità del cancro al seno nel Women's Health Initiative Observational Study. J Natl Cancer Inst. 2013; 105(8):526-535.

71-Nelson HD, Fu R, Zakher B, Pappas M, McDonagh M. Uso di farmaci per la riduzione del rischio di cancro primario al seno nelle donne: Updated Evidence Report and Systematic Review for the US Preventive Services Task Force. JAMA. 2019; 322: 868-886.

72- Owens DK, Davidson KW, Krist AH, et al. Uso di farmaci per ridurre il rischio di cancro al seno: Dichiarazione di raccomandazione della US Preventive Services Task Force. JAMA. 2019; 322: 857-867.

73- Ludwig KK, Neuner J, Butler A, Geurts JL, Kong AL. Riduzione del rischio e beneficio in termini di sopravvivenza della chirurgia profilattica nelle portatrici di mutazioni BRCA, una revisione sistematica. Amer J Surg. 2016; 212(4):660-669.

74- Kotsopoulos J. Mutazioni BRCA e prevenzione del cancro al seno. Cancers. 2018; 10:12.

75- Oeffinger KC, Fontham ET, Etzioni R, et al. Screening del cancro al seno per le donne a rischio medio: aggiornamento delle linee guida 2015 dell'American Cancer Society. JAMA. 2015; 314(15):1599-1614.

76- Souza FH, Wendland EM, Rosa MI, Polanczyk CA. La mammografia digitale a tutto campo è più accurata della mammografia su pellicola nello screening di tutta la popolazione? Una revisione sistematica e una meta-analisi. Breast. 2013; 22(3):217-22

77-Shaw C, Mortimer P, Judd PA. Studio controllato randomizzato che confronta una dieta a basso contenuto di grassi con una dieta di riduzione del peso nel linfedema correlato al cancro al seno. Cancer. 2007; 109(10):1949-1956.

78- Early Breast Cancer Trialists' Collaborative Group, Darby S, McGale P, et al. Effetto della radioterapia dopo la chirurgia conservativa del seno sulla recidiva a 10 anni e sulla morte per cancro al seno a 15 anni: meta-analisi dei dati di singole pazienti per 10.801 donne in 17 studi randomizzati. Lancet. 2011;378(9804):1707-1716.

79-Hughes KS, Schnaper LA, Berry D, et al. Lumpectomia più tamoxifene con o senza irradiazione in donne di 70 anni o più con cancro al seno in fase iniziale. N Engl J Med. 2004; 351(10):971-977.

80- Hickey BE, James ML, Lehman M, et al. Fraction size in radiation therapy for breast conservation in early breast cancer. Cochrane Database Syst Rev. 2016; 7:CD003860.

81- Cortazar P, Zhang L, Untch M, et al. Pathological complete response and long-term clinical benefit in breast cancer: the CTNeoBC pooled analysis. Lancet. 2014; 384(9938):164-172.

82- Sparano JA, Gray RJ, Makower DF, et al. Chemioterapia adiuvante guidata da un test di espressione di 21 geni nel cancro al seno. N Engl J Med. 2018; 379(2):111-121.

83- Murphy BL, Day CN, Hoskin TL, Habermann EB, Boughey JC. L'uso della chemioterapia neoadiuvante nel carcinoma mammario è maggiore nei responder eccellenti: Sottotipi triplo-negativi e HER2+. Ann Surg Oncol. 2018; 25(8):2241-2248.

84- Early Breast Cancer Trialists' Collaborative G. Esiti a lungo termine della chemioterapia neoadiuvante rispetto a quella adiuvante nel carcinoma mammario precoce: meta-analisi dei dati dei singoli pazienti di dieci studi randomizzati. Lancet Oncol. 2018; 19(1):27-39.

85-von Minckwitz G, Huang CS, Mano MS, et al. Trastuzumab Emtansine per il cancro al seno HER2-Positivo invasivo residuo. N Engl J Med. 2019; 380(7):617-628.

86- Masuda N, Lee SJ, Ohtani S, et al. Capecitabina adiuvante per il cancro al seno dopo la chemioterapia preoperatoria. N Engl J Med. 2017; 376(22):2147-2159.

87- Burstein HJ, Lacchetti C, Anderson H, et al. Adjuvant Endocrine Therapy for Women with Hormone Receptor-Positive Breast Cancer: ASCO Clinical Practice Guideline Focused Update. J Clin Oncol. 2019; 37(5):423-438.

88-Wheeler SB, Spencer J, Pinheiro LC, et al. Non aderenza e interruzione della terapia endocrina nelle donne bianche e nere. J Natl Cancer Inst. 2019; 111(5):498-508.

89- Farias AJ, Du XL. Associazione tra costi out-of-pocket, razza/etnia e aderenza alla terapia endocrina adiuvante tra le pazienti Medicare con cancro al seno. J Clin Oncol.m 2017; 35(1):86-95.

90- Schmid P, Adams S, Rugo HS, et al. Atezolizumab e NabPaclitaxel nel carcinoma mammario triplo negativo avanzato. N Engl J Med. 2018; 379(22):2108-2121.

91-Comitato congiunto americano sul cancro. Seno. In: Manuale di stadiazione del cancro AJCC. 8a ed. New York, NY: Springer; 2017:589.

92-Curigliano G. Carcinoma mammario infiammatorio e malattia della parete toracica: La prospettiva oncologica. Eur J Surg Oncol. 2018 Aug; 44(8):1142-1147.

93-Hennessy BT, Gonzalez-Angulo AM, Hortobagyi GN, et al. Sopravvivenza libera da malattia e sopravvivenza globale dopo remissione patologica completa di metastasi linfonodali ascellari da carcinoma mammario infiammatorio citologicamente provato dopo chemioterapia sistemica primaria. Cancer. 2006; 106:10001006.

94-Henry NL, Shah PD, Haider I, Freer PE, Jagsi R, Sabel MS. Capitolo 88: Cancro della mammella. In: Niederhuber JE, Armitage JO, Doroshow JH, Kastan MB, Tepper JE, eds. Oncologia clinica di Abeloff. 6a ed. Philadelphia, Pa: Elsevier; 2020.

95-Howlader N, Noone AM, Krapcho M, Miller D, Brest A, Yu M, Ruhl J, Tatalovich Z, Mariotto A, Lewis DR, Chen HS, Feuer EJ, Cronin KA (eds). SEER Cancer Statistics Review, 1975-2017, National Cancer Institute. Bethesda, MD, https://seer.cancer.gov/csr/1975_2017/, basato sulla presentazione dei dati SEER di novembre 2019, pubblicati sul sito web SEER ad aprile 2020.

96-Jagsi R, King TA, Lehman C, Morrow M, Harris JR, Burstein HJ. Capitolo 79: Tumori maligni della mammella. In: DeVita VT, Lawrence TS, Rosenberg SA, eds. Cancer di DeVita, Hellman e Rosenberg: Principles and Practice of Oncology. 11a ed. Philadelphia, Pa: Lippincott Williams & Wilkins; 2019.

97-**Menta** A, Fouad TM, Lucci A, Le-Petross H, Stauder MC, Woodward WA, Ueno NT, Lim B. Inflammatory Breast Cancer: Cosa sapere su questo tumore al seno unico e aggressivo. Surg Clin North Am. 2018 Aug; 98(4):787-800.

98-Istituto **Nazionale** del Cancro. Cancro al seno infiammatorio. 2016. Accesso a https://www.cancer.gov/types/breast/ibc-fact-sheet il 30 agosto 2021.